novum pocket

Rebecca Tuchscherer

Über Maria

novum pocket

Bibliografische Information
der Deutschen Nationalbibliothek:

Die Deutsche Nationalbibliothek
verzeichnet diese Publikation in der
Deutschen Nationalbibliografie.
Detaillierte bibliografische Daten
sind im Internet über
http://www.d-nb.de abrufbar.

Alle Rechte der Verbreitung, auch
durch Film, Funk und Fernsehen, fotomechanische Wiedergabe, Tonträger, elektronische
Datenträger und auszugsweisen
Nachdruck, sind vorbehalten.

Gedruckt in der Europäischen Union
auf umweltfreundlichem, chlor- und
säurefrei gebleichtem Papier.

© 2022 novum Verlag

ISBN 978-3-903382-70-1
Umschlagfoto:
Yupa Watchanakit | Dreamstime.com
Umschlaggestaltung, Layout & Satz:
novum Verlag

www.novumverlag.com

Die Dialoge der folgenden Personen sind anonymisiert und so verändert, dass eine Identifikation über den Namen und den im Dialog vermittelten Inhalt, nicht möglich ist. Andererseits sind einige der hier geschilderten Dialoge relativ realistisch, sind aber in der Darstellung meiner freien Phantasie entsprungen. Maria ist ein Phantom, eine Kunstfigur. Ähnlichkeiten mit real lebenden oder bereits verstorbenen Personen, sind denkbar, zufällig bzw. dem Leben geschuldet.

Für Paula Kletzhändler

TEIL 1

Donnerstag, 22. Oktober 2020, 08:35

Der Orkan Sabine wütet in Europa und verursacht erhebliche Sachschäden. Viele Verkehrswegen werden zerstört. Es sterben in den Unwettern ca. 20 Menschen.

Im Sterbehospiz

Palliativpflege: Wieviel darf man der Sterbenden sagen, wenn sie fragt? Gibt es barmherzige Lügen? Wieviel Zeit bleibt mir noch? Was kann die Patientin noch selbstständig tun: sich einen Tee kochen, sich waschen, telefonieren. Ist schonungslose Offenheit angesagt? Wie stellen sich die anonym Pflegenden auf die Sterbenden in dieser intimen Situation ein? Kennen sie ihre Vor-, ihre Lebensgeschichte? Ist palliative Pflege mehr als Medizin? Ist Palliativität care, Begleitung im Sinne von Leitung, Da-Sein: für wen, warum, wie lange, wozu? Pallium bedeutet der Mantel. Gegen die Angst vor dem Tod, aber auch (vielleicht) zum ersten Mal frei sein. Alles spielt keine Rolle mehr, kein Stress, kein Druck, keine Verantwortung, gleich-sein, wie all die anderen Milliarden vor ihr, die diesen Weg bereits gegangen sind. Alles Leben stirbt, welch Banalität. Trotzdem, in dieser Banalität liegt auch ein Friede. Der Verfall des Körpers. Aber wo bleibt die Würde der Existenz? Tod heißt auch, dass der Glanz des Lebens weg ist.

Es geht zu Ende, sagte der Praktikant Manuel. Er strich sich seine Locke aus der Stirn, die aber sofort wieder an ihren angestammten Platz zurückfiel. Nun versuchte er es mit einem kräftigen Seit-Nicken. Der Erfolg ist der gleiche.

Irgendetwas geht bei uns immer zu Ende, dafür sind wir ja da, meinte Jupp, seines Zeichens Sozialpädagoge (FH). Er arbeitete schon lange in dieser Einrichtung. Zu lange, wie er manchmal meinte. Er fügte hinzu, leise summend: this ist the end, the only end my friend, das singen die Türen. Bete ein: Gegrüßet seist du Maria, meinte er noch hinzufügen zu müssen.

Er trug, wie immer, seine Jeans, ein einfarbiges Hemd, darauf legte er Wert, damit seine schwarze Fliege mit weißen Punkten, gut zur Geltung kam. Er meinte, dass dies der Einrichtung und vor allem ihrem Klientel geschuldet war. Bei den Angehörigen desselben löste seine Aufmachung oft eine gewisse Verwunderung aus, die sich aber bei näherem Kennenlernen dieses Angestellten schnell auflöste.

Dass du da immer noch so fröhlich sein kannst, sagte Manuel, versteh ich nicht. Werde ich wohl auch nie.

Wer sagt denn, dass ich fröhlich bin. Die Naturvölker haben bei Totenfeiern jeweils auch gesungen, oder die Katholen tun es, soweit ich weiß, auch. Er zupfte an seiner Fliege.

Wie lange war sie denn hier, fragte Manuel.

Ein jeder hat seine Zeit, ihre wird nun wohl bald zu Ende sein. Et küt, wie et küt, wie der Bayer zu sagen pflegt.

So ein Quatsch, entgegnete Manuel. Ich bin traurig, wenn sie stirbt. Irgendwie war sie doch auch nett, wenn auch nicht immer.

Kann man so sagen, brummelte Jupp. Sie kommen, sie gehen, wir sind der Bahnhof und wir leiten sie zu den Anschlusszügen, wohin diese fahren, wer weiß dat schon. Ist eigentlich der Bahnhofsvorstand, Dr. Messelken, informiert. Er muss ja dann noch ungerschrieve. Dieser lausige Kerl. Bitte nicht weitersagen, ich möchte ja noch etwas hierbleiben. Aber trotzdem. Kütt mer üvver d'r Hungk, kütt mer üvver d'r Stätz. Möchte ich doch mal gesagt haben.

Ich bin verschwiegen, wie ein Grab, erwiderte Manuel. Das letzte, was du gesagt hast, habe ich nun geradezu überhaupt nicht verstanden. Translation please!

Grab es jut, passt. Musste eben jet studiere. Aber okay, ich will dich ja nicht mit der Kölschen Mundart quälen. Kommst du nicht über den Hund, kommst du eben über den Schwanz.

Hm, interessant, nur der eigentliche Sinn bleibt mir nach wie vor, verborgen. Hatte sie denn einen Hund?

Holy Einfalt! Also hier des Rätsels Lösung: Wozu sich unnötig anstrengen, denkt unser Doktor M., Es läuft eh alles, wie es soll. Das ist so seine Arbeitsauffassung.

Thanks für die Unterweisung. Weiss man eigentlich, wo sie begraben werden wird? Davon habe ich nämlich noch nichts gehört, aber ich bin ja wahrscheinlich in der hiesigen Nahrungskette auch der letzte, den man hierzu informiert.

Jupp lächelte, vermutlich wird es ihr, so wie sie gelebt hat, wohl auch egal sein. Irgendwo und irgendwie wird sich schon en Plaatz finge lasse.

Hast du sie eigentlich näher kennengelernt?

Hm, hür ens! Wer weiß schon von dem anderen, wer er ist und was er war? Ja, ein bisschen schon, manchmal hat sie noch ein bisschen erzählt, viel war es nicht. Ich han ihr ja manchmal etwas vürgelesse. Jedichte und sonen Jedöns, ebe. Dann war sie manchmal sehr still, in sich versunke, und plötzlich erzählte sie dann etwas aus ihrem Läwe. Viel nicht, aber jedes Mal war ich schon beeindruckt. Von ihrer Kindheit und wo sie eigentlich herkam und von den Männern, den Käälen und vom Judo. Ja, vom Judo, das sie gemacht hat, kam immer etwas. Das war ein wichtiger Teil für sie. Sie muss wohl mal janz jut jewese sin. Schwarzer Jürtel und so, kenne mich da nicht so aus.

Davon hat sie mir nie etwas erzählt. So lernt man hier im Hospiz wohl jeder die Bewohner etwas anders kennen.

Dat is äh su. No doubt about it.

Ich habe gelesen, dass wenn jemand stirbt, die Füße zuerst blutleer werden. Das Blut zieht sich zur Körpermitte zurück und versorgt nur noch die lebensnotwendigen Organe. Stimmt das?

Dat weiß ich nit. Aber denkbar wäre es. Aber sie hat ja Raucherbeine, da kommt es darauf wohl auch nicht mehr so an. Aber ejal. Un wenn de Düvvel op Stelze kütt, auch der muss mal ins Gras beißen, um auch noch mal diese Metapher zu bemühen.

Immer dein Sarkasmus, manchmal etwas ätzend. Sie stirbt und du machst Witze.

Wer sagt denn, dass ich Witze machen tu. Soll ich etwa hüüle? Steht sie dann wieder auf, die Maria, dat Mariellchen. Sie ist alt geworden, habe im Rechner nachgeschaut, 69, das ist für jemanden der so gelebt, wie sie gelebt hat, verdammt alt. Könnte ja auch sein, dass sie sogar froh ist, dass es jetzt ein Ende hat mit ihrem ird'schen Dasein. Auch schon mal überlegt, Herr Student in spe, Herr Aristoteles oder so.

Hör auf damit. Du weißt, dass ich das nicht mag. Bereue es schon fast, dass ich dir davon erzählt habe, was ich studieren möchte, werde. Aber irgendwo hast du auch wieder recht. Könnte sein, dass sie sich erlöst fühlt, von ihren vielen Schmerzen und ihrem Leben. Das war ja wohl nicht so angenehm, was ich da mitbekommen, beziehungsweise gelesen habe.

Ich hoffe, sie bringen dir noch etwas Humor bei, bei den Philosophen. Gibt es da überhaupt Humor? Dat kennen die nit. Humorlose Jesellen, eve. Jonn lieber mal ihr die

Lippen befeuchten, dann kannst du auch sehen, wie es ihr geht. Dem Marie'chen.

Okay, mache ich.

Manuel kommt aufgeregt zurück. Jupp, komm schnell, ich glaube, sie...

Nur die Ruhe bringts. Wenn sie noch lebt, dann lebt sie ja noch und wenn sie tot gegangen ist, dann hilft Hektik auch nichts mehr. Lamentieren bringt da jar nix. Ja, du hast Recht. Nun is se jestorbe.

Manuel weint. Ich habe noch nie jemand gesehen, der tot ist.

Dann schau sie dir jetzt an. Sieht doch irgendwie friedlich aus, oder findste nicht. Sie hat ihren Zug genommen. Er war pünktlich und sie war nicht zu spät. Alles hat jepasst, wie es eben so sein soll. So, nun kannste dem Messelken Bescheid jeve, damit er den Schein ausstellt. Muss ja alles seine Ordnung haben, im alten Deutschen Kaiserreich. Ja, nun ist Maria tot.

Manuel weint immer noch.

Dienstag, 15. Mai, 1962, 09:01

In diesem ereignete sich an der Nordseeküste ein gewaltiger Sturm. Etwa 6000 Gebäude wurden zerstört und ein Sechstel des Hamburger Staatsgebietes lag unter Wasser.

Zigtausende wurden obdachlos. Vom Dezember 1962 bis zum Februar 1963 wurde Europa von einer extremen Kälte heimgesucht.

Jugendamt der Stadt Köln, Stadtverwaltung

Guten Tag Herr und Frau Sanner. Schmitz mein Name. Wir kennen uns ja bereits von einigen anderen Fällen. Sie leiten ja, und wie ich sagen darf, muss, die Heilpädagogische Großfamilie am Friesenwall mit grossem Erfolg. Über sie wurde ja auch schon im Stadt-Anzeiger berichtet. Ich habe das mit grosser Aufmerksamkeit gelesen und verfolge nun seit 2 Jahren, ist das richtig, ihre Arbeit. Nun geht es heute ja um die Maria, die ja bereits 11 Jahre alt ist und seit dem damaligen Abbruch im Jahre 56 aus der damaligen Pflegefamilie, Namen tun hier nichts zur Sache, ununterbrochen am Niehler Damm lebt. Seit einem Jahr ist sie nicht mehr in der Sonderschule für Verhaltensauffällige, sondern geht jetzt, auch mit bemerkenswertem Erfolg, in die Realschule. Das heißt doch, dass sich das Mädchen gut entwickelt und auch stabilisiert hat. Sie gilt zwar immer noch als etwas launenhaft, sprunghaft, fast unberechenbar, aber sie scheint ihren Weg zu machen. Frau Schmitz trägt einen beigen Hosen-Anzug mit einer Ton in Ton gehaltenen Bluse. Herr und Frau Sanner tragen beide Jeans und carierte Hemden. Herr Sanner trägt sein Haar schulterlang, Frau Sanner trägt ihres sehr kurz geschnitten, blond.

Herr Kowalski nickt.

Wir würden uns freuen, wenn Maria bei uns einziehen würde. Wir haben in unserem Haus ein Zimmer frei, weil ein Mädchen volljährig geworden und ausgezogen ist. Das wäre alles kein Problem.

Schön, ich denke auch, dass dies die letzte Chance für Maria ist, dass sie noch so etwas wie ein familienähnliches Leben erhält. Ich bin ehrlich und muss sagen, dass ich vor ein paar Jahren, als sie mit der Idee dieser Großfamilie an uns, zwecks Unterstützung, getreten sind, meine Vorbehalte hatte. Was ist denn eine Großfamilie anders als ein Heim, habe ich mich gefragt. Und ich muss sagen, ich frage mich das immer noch. Aber irgendwie haben sie den Kompromiss gefunden, zwischen Heim und den Problemen, die eine Kleinfamilie eben so mit sich bringen kann. Die Geschichte von Maria zeigt das ja in aller Deutlichkeit auf. Zwei gescheiterte Familien sind einfach zwei zu viel. Und dann wird das alles auf dem Rücken dieses unschuldigen Mädchens ausgetragen. Das hält man dann manchmal auch nur schwer aus. Von daher: Kompliment für Ihre Arbeit, Herr und Frau Sanner. Sie haben mich auch bereits vor einiger Zeit eingeladen, einmal bei ihnen vorbeizuschauen. Leider bin ich noch nicht dazu gekommen, die Termine, sie wissen ja wie das ist. Aber wenn Maria bei Ihnen ist, werde ich ganz sicher mal bei Ihnen vorbeischauen. Eventuell kommt Herr Kowalski ja dann auch mit.

Herr Kowalski nickt.

Aber lassen wir das Theoretisieren. Hoffen wir, dass es mit der Maria bei ihnen klappen wird.

Ich bin da sehr zuversichtlich. Ich auch.

Schön. Soviel ich weiß, hat ja die Maria bereits einige, schaut fragend:

Drei Wochenenden, waren es.

Aha, gut, also bereits drei Wochenenden bei ihnen verbracht und war begeistert. Dann geben wir dem Projekt also grünes Licht. Den Termin bei Ihnen habe ich nicht vergessen, versprochen.

Herr Kowalski nickt.

Freitag, 15. September, 1978, 10:35

Vom Dezember bis zum Februar 1979 erlebte hauptsächlich Nord-Deutschland zwei Schneestürme mit Eis und Verwehungen. Es war einer der schlimmsten Winter im 20. Jahrhundert.

München, Oktoberfest, auf dem Schock (Kirmes)

Der Arbeit auf der Kirmes haftet noch jener Hauch von Romantik an, der Freiheit und Abenteuer verspricht. Allerdings stehen der Schmutz, die unzulänglichen sanitären Verhältnisse und das raue Arbeitsklima in keinem Verhältnis zum Lichterglanz, der den falschen Schein aufrechterhalten soll. Auch von Anwendung körperlicher Züchtigung zum Zwecke höherer und schnellerer Arbeitsleistung wird berichtet.

Mit der Zeit bilden die Arbeiter und Arbeiterinnen auf der Kirmes oft emotionale Gefühle 'ihren' Maschinen gegenüber aus. D.h., wenn sie lange genug an einem Gerät gearbeitet haben, kennen sie dieses natürlich sehr genau. Sie kennen den Auf- und Abbauvorgang sowie seine Bedienung. Wechseln sie die Kirmes bzw. den Arbeitgeber, ist es ihr Ziel, wieder auf der gleichen Maschine arbeiten zu dürfen, auf der sie sich zu Hause (!) fühlen. Dieses, mit der intimen Kenntnis der Maschine gekoppelte Selbstwertgefühl und die durch dieses Spezialistentum erreichte Anerkennung der Umwelt bindet sie natürlich noch länger an den Kirmesbetrieb. Eine zusätzliche Variante stellt im Bereich der Kirmes die sogenannte Lohnmitverwaltung dar. D.h., der Arbeiter, die Arbeiterin erhält wöchentlich sein Geld ausbezahlt, allerdings nur einen Teil. Der Rest wird zinslos gespart und im Oktober, meist dann, wenn die Saison vorbei ist, ausgeschüttet. Dieses an und für sich vernünftige Modell der Rücklagenbildung soll die Arbeiter und Arbeiterinnen am Ende der Saison davor bewahren, erneut mittel- und obdachlos zu sein. Es oll sie aber wohl auch von dem Gedanken fernhalten, die Arbeit früher als geplant aufzugeben.

Körperliche Höchstleistungen werden dann verlangt, wenn die Vergnügungsmaschinen auf- bzw. abgebaut werden. In der Zwischenzeit, also dann, wenn das Geschäft läuft, sind nur Wartungsarbeiten zu erledigen. Vertrauenswürdige Arbeiter und Arbeiterinnen werden auch mit dem Kassieren von Bons etc. beauftragt. Die zu erledigende Arbeit muss aber teilweise sogar als gefährlich angesehen werden, spielt sie sich doch häufig auch über der Erde in großen Höhen ab. Arbeitsunfälle, oft in

Verbindung mit starkem Alkoholgenuss, sind nicht selten. Ein Unfall ist gleichbedeutend mit dem Verlust des Arbeitsplatzes. Nach vorsichtiger Schätzung kann wohl gesagt werden, dass die Firmen auf der Kirmes, was Sozialabgaben anbelangt, seriöser arbeiten als z. B. die Subunternehmer (Baubranche).

He, mach ein bisschen voran, das Rad muss heute Abend stehen, die Leute wollen's lustig haben. So wie du arbeitest, möchte ich meinen Urlaub erleben.

Nun mach mal halb lang Dieter, die Maria macht das schon, sie macht das ja nicht das erste Mal, sie weiß schon, wo die Fähnchen hinkommen, ruhig Blut also.

Hab's ich mir doch gedacht, dass du hier wieder den Fürsprecher für sie machst. Hast wohl deine Gründe dazu, Sonnyboy, hä? Tom, biste schon zum Zuge gekommen? Verstehen könnt ich's schon.

Halt die Schnauze. Und wenn, geht es dich gar nix an. Dich interessiert ja nur, ob sich das Riesenrad dreht und mit ihm die Kohle.

Pass auf, was du da sagst, Tom. Sonst bleibt nämlich plötzlich die Kohle für dich weg und dann hängst du wieder rum und weißt nicht, wie du dir den Stoff besorgen kannst, du Idiot, du. Dass Maria weiß, wo und wie alles aufgehangen wird, weiß ich im Übrigen selber. Aber manchmal muss man sie eben ein bisschen antreiben, sonst träumt sie zuviel. Sie kommt ja jedes Jahr im September von ihrem Kölle hier an die wunderschöne Isar.

Ist ja gut, war ja nicht so gemeint. Du hast schon recht, wenn man nicht aufpasst, lässt sie gerne den lieben Gott einen lieben Mann sein. Abgesehen davon zwitschert sie sich auch ab und an mal ganz gerne einen. Dann geht dann gar nichts mehr.

Ja, das ist mir auch schon aufgefallen. Scheint so, als ob der Alk ein guter Freund für sie ist. Hoffentlich, nicht zu gut.

Und wenn schon, mir ist das egal.

Ach Tom, auf einmal. Vorhin hast du dir noch so große Sorgen um sie gemacht und jetzt...

Nun mach mal halb lang...

Das sagtest du bereits und im Übrigen mache ich nie halblang, sondern immer Nägel mit Köppen, sonst dreht das Rad nämlich nicht und ihr könnt sehen, wo ihr bleibt.

Wenn dir nix mehr einfällt, dann kommt wieder diese Leier. Nutzt sich langsam ab, Dieter, musst mal eine neue Platte auflegen und von der Maria lässt du die Finger, sonst ist hier Feuer unter'm Dach. Dass das mal klar ist. Vielleicht ziehen wir nämlich zusammen, damit du das auch schon mal weißt. Sie hat ja gesagt.

Ach Tom, da muss ich aber lachen, wenn du wüsstest, wie oft diese Maria in ihrem noch nicht allzu langen Leben bereits 'Ja' gesagt hat. Nur schon hier in München, in den paar Tagen, in denen sie hier ist.

Woher willst du das denn wissen, du zählst doch ohnehin nur den ganzen Tag deine Kröten.

Man hat eben so seine Verbindungen, ich muss beim Zählen ja auch manchmal Pause machen. Aber, keine Angst, diese Maria fasse ich nicht mal mit der Kneifzange an. Da hätte ich dann schon etwas Besseres vor. Aber das mit dem Zusammenziehen, ist ja wohl nicht dein Ernst, oder?

Todernst.

Ja, dann bin ich ja mal gespannt, was daraus noch wird. Viel Kredit gebe ich euch nicht.

Auf deinen Kredit sind wir auch gar nicht angewiesen. Wir schaffen das schon.

Dein Wort in Gottes Ohr. Habt ihr denn schon eine Wohnung und wenn ja, wie finanziert ihr die denn?

Nu lass das mal unsere Sorge sein, wir haben da schon was in Aussicht, ist noch nicht unterschrieben, aber das wird dann schon. Bange machen, gilt nicht.

Bin eben Realist. Und ich sage dir ...

Du musst mir gar nix sagen. Halt einfach deine Fresse.

Ok, wie du willst, aber komme dann nicht wieder an, wenn du auf der selbigen liegst.

Hä, wie meinst du das?

So, wie ich es gesagt habe. Maria, bist du bald fertig mit diesen dämlichen Fähnchen, das dauert und dauert.

Lass sie ihn Ruh, sage ich.

Du hast mir gar nichts zu sagen; wem gehört denn dieses Riesenrad, hä?

Ja, das ist mir bekannt, wer hier das Sagen hat. Aber lass sie einfach in Ruh, ok?

Tja, wo die Liebe hinfällt, da gibt's ein großes Loch, hat meine Oma immer gesagt.

Oh, jetzt kommt das auch noch, seine Oma. Ich schau mal nach dem Motor.

Darum will ich auch gebeten haben. Die Maria in einer Wohnung mit einem Kerl, dass ich nicht lache. Er wird noch sein blaues Wunder erleben. Aber, wen kümmert das schon?

Donnerstag, 11. April 1968, 16:22

Ein sehr heftiger Sturm tobte im Juli in Baden-Württemberg (Pforzheim) und beschädigte ca. 2300 Häuser. Der Schaden belief sich auf ca. 100 Millionen Mark. Es gab ca. 200 Verletzte.

Während eines Judoturniers, Jürgen, Besitzer der Judoschule Samurai, in der Maria trainiert; Hartmut, Trainer von Maria.

Judo ist eine japanische Zweikampfsportart. In ihr sind Würfe, Haltegriffe, Würgegriffe und Armhebel erlaubt. Der Kampf beginnt immer im Stand und kann am Boden fortgesetzt werden. Wenn der Gegner in einem Armhebel oder Würgegriff zwei Mal abschlägt, muss dieser angesetzte Griff sofort, unmittelbar gelöst werden. Der Kampf gilt dann als verloren und erhält die gleiche Wertigkeit, wie wenn man zu 100 % geworden worden ist. Im Judo-Sport wird sehr stark auf Etikette und Fairness geachtet. Fouls oder absichtlich vorgenommene Vergehen, sind nahezu unbekannt. Judo gilt als die auf der Welt am meisten verbreitete Zweikampf-Sportart. Insbesondere bei Kindern erfreut sich einer sehr großen Beliebtheit. Ende der 60er-Jahre begannen auch Mädchen und Frauen mit regelmäßigem Wettkampf-Judo.

Sie zieht zu wenig am Ärmel. Wie oft habe ich ihr das schon gesagt. Manchmal tut sie's, dann wieder nicht, zum Verzweifeln. Dies sagt der Ex-Europameister im Judo zu Jürgen, der in seiner Judoschule Trainer ist. Man sagt ja jetzt nicht mehr Judoschule, sondern Sport-Center, weil man hat noch eine Sauna einbauen lassen. Auch stehen da zwei Tisch-Tennis-Platten und in der Ecke hat man eine Hantelstange mit diversen Scheiben aufgebaut. Die Sauna wird rege benutzt, vor allem nach dem letzten Training am Abend, so ca. gegen 22 Uhr.

Jürgen meint: Sie ist schon ein grosses Talent, diese Maria. Sie trainiert erst seit 3 Jahren und steht schon in der Nordrhein-Westfälischen Jugendauswahl. Ist doch im Grunde imponierend, oder.

Hartmut, eben schon 11 Mal Deutscher Meister im Mittelgewicht gewesen und nun selber vom aktiven Leistungssport zurückgetreten, verzieht keine Miene. Und wenn schon, das mit dem Ärmel sollte eben doch irgendwann einmal funktionieren. Du kannst kein Gleichgewicht brechen, wenn du nicht den Ärmel des Judo-Gi fasst. Ist nun mal eben so. Wie sonst bringst du den anderen aus der Körpermitte. Kuzushi, nennt sich das. Habe ich ihr schon ca. 33 Mal erklärt. Aber sie begreift es nicht.

Ja, aber sie ist ja erst 17, sie lernt das schon noch. Dafür ist sie für eine Frau sehr kräftig. Lustig finde ich ja, dass sie Kraftübungen im Training gar nicht besonders mag. Hat von der Genetik viel mitbekommen, das Mädel.

Jugendliche, meinste wohl. Zur Frau fehlt wohl noch etwas. Oder?

Würde ich nicht sagen, ich habe sie letzthin mit Otto gesehen und der lässt ja bekanntlich nichts anbrennen. Oder?

Hm, meint Hartmut.

Na, siehste, hat sie die Essenerin nun doch noch geworfen gekriegt, mit ihrem komischen Sode-Tsuri-Komi-Goshi. Hast du ihr den beigebracht?

Nein, sicher nicht, so etwas Komisches unterrichte ich nicht. Links-Griff mit Rechts-Technik. Wo gibt's denn sowas? Vielleicht in 20 Jahren oder so. Aber sie macht es nicht ungeschickt, das muss ich zugeben. Ihre Gegnerinnen sind immer wieder verwirrt und fallen darauf rein. Hauptsache sie fallen. Gut, ihre Gegnerin war ja so jelenkisch wie ein Ihsebahnschien.

Nun übertreib mal nicht so schamlos.

Sie konnte froh sein, dass sie direkt in den Haltegriff hineinflog. Zu mehr wäre sie nämlich im Bodenkampf nicht fähig gewesen.

Genau, murmelt Jürgen. Im Bodenkampf ist sie allerdings schwach. Da sollte sie noch besser werden. Aber sie mag das eben nicht.

Ja, sehr schade, am Boden kann man viele Kämpfe gewinnen, wenn man sich etwas darauf spezialisiert. Du warst ja in Ne-Waza auch keine besondere Leuchte.

Reden wir jetzt von Maria und coachen sie, oder geht es um mich?

Hm

Nach dem Kampf von Maria verlassen beide die Halle und begeben sich nach draussen, wo der hier ansässige Judo-Club ein kleines Bierzelt mit Würstchen-Grill aufgebaut hat. Beide genehmigen sich je ein Bier. Es können auch mehrere gewesen sein; die Aussagen hierzu variieren stark.

Freitag, 7. März 1952, 09:45

Jugendamt Köln, Stadtverwaltung

Ich begrüße Sie zu unserem Sichtungsgespräch, wie ich es mal nennen möchte und freue, dass sie den Weg hier ins Rathaus gefunden haben. Es ist ja jetzt alles wieder gut begehbar und man sieht kaum noch etwas, von der bösen Zeit, wie ich sie mal nennen möchte, und jetzt geht es ja wieder besser, nicht wahr. Wie sie ja wissen, ist mein Name Schmitz und ich bin für die Vermittlung dieser armen Kinder zuständig. Sie haben ja einen Antrag gestellt, der nun bei mir liegt und wir wollen heute miteinander ins Gespräch kommen, um zu sehen, was wir hier für sie und ihr Anliegen, wie ich es mal nennen möchte, tun können. Ich begrüße auch noch Herrn Kowalski von der Rechtsabteilung der Stadt. Er schaut, dass da auch alles von der rechtlichen Seite her i. O., wie er zu sagen pflegt. Aber da bin ich sicher. Frau Schmitz trägt Kleidung aus der Vorkriegszeit, d. h. einen langen dunklen Rock, sowie eine Bluse mit Stickereien. Herr Kowalski trägt einen dunkelbraunen Anzug mit dunkler Krawatte.

Herr Kowalski nickt.

Dann würde ich doch sie, Herr und Frau Klingenbiel, bitten, mal ihre Beweggründe für ihren Antrag, dass sie sich als Pflegeeltern geeignet sehen, erläutern. Wem darf ich das Wort geben? Herr Klingenbiel, bitte.

Ja, also, wir, meine Frau und ich, haben jedacht, dass es doch schön wäre, wenn wieder etwas Läve in unsere

Wohnung kommen würde. Wir wohnen ja in Poll, in der Kreuzau, da sind ja viele Häuser erhalten geblieben und unser Sohn ist nun leider verschollen, der Rudi und so haben wir eben gedacht…

Vielen Dank Herr Klingenbiel. Frau Klingenbiel, bitte.

Frau Klingenbiel schnäuzt sich die Nase und wischt sich eine Träne aus dem linken Auge. Ja, wie Theo, mein Mann, schon sagte, unser Rudi, wer weiß es schon, ein Kamerad von ihm, hat uns erzählt, er kam über die Frau Winter zu uns, die ja wusste, dass wir den Rudi haben, und sie waren zusammen in Russland, dass der eben meinte, dass der Rudi gestorben wäre, aber sie konnten ihn nicht bergen, weil das Haus zusammengestürzt ist und sie mussten dann fliehen, schrecklich … Sie schnäuzt sich. Herr Klingenbiel legt eine Hand auf ihre Schulter.

Ja, das ist schrecklich, wirklich schrecklich, wie ich es mal so sagen muss, aber nun haben sie sich ja entschieden, ein Kind zur Pflege anzunehmen. Dafür sind wir ihnen ja auch sehr dankbar, weil wir haben viele Kinder hier am Niehler Damm im Heim und sind froh, für jedes Kind, dass ein jutes Plätzchen findet, meine ich hier mal so sagen zu dürfen. Und sie haben ja Erfahrung mit der Erziehung eines Kindes. Das ist doch schon mal eine janz jute Voraussetzung. Sehen sie doch auch so, Herr Kowalski?

Herr Kowalski nickt.

Gut, fährt Frau Schmitz fort. Ein Zimmer für die Kleine hätten sie also.

Frau Klingenbiel nickt und sagt: Ja, natürlich, das Zimmer von Rudi ist noch so, wie er es verlassen hatte, als er ging. Wir werden es natürlich anders einrichten, denn er war ja schon 17 als er ging, ein richtiges Jungszimmer eben. Was für ein Kind wäre es denn jetzt?

Gute Frage, meint Frau Schmitz. Es ist ein junges, kleines, süsses Mädchen. Es heißt Maria. Soviel stand auf einem Zettel. Das Kindchen wurde beim Dom abgegeben, abgelegt muss man wohl besser sagen. Von der Mutter oder dem Vater, wissen wir nichts. Ein Pater rief uns an und so kam das Kind zu uns. Quasi wie die Jungfrau zum Kinde, wenn ich es mal so ausdrücken darf. Aber es ist ein hübsches Kind, mit schönen blauen Augen. Da werden sie sicher viel Freude daran haben. Im Heim hat man mir gesagt, und ich will das hier auch nicht schönreden, weil Ehrlichkeit gehört zum Geschäft, sage ich im übrigen immer, dass die kleine Maria viel weint. Aber das kann natürlich auch mit ihrem bisherigen Leben, das wohl nicht so glücklich verlaufen ist, wie ich hier mal sagen muss, zusammen hängen.

Ach, der Rudi hat damals auch viel geweint, das gibt sich dann schon, man muss Geduld haben, mit den kleinen Dingern.

Herr Klingenbiel meint trocken, dass es an und ab mal schon auch ganz schön nervig sein kann, wenn so ein Kind nicht zu beruhigen ist. Reden können sie ja nicht, um einen zu sagen, was ihnen fehlt, das würde das Ganze nämlich sehr viel einfacher machen.

Ein wahres Wort, meint Frau Schmitz. Aber Frau Klingenbiel, sie haben da meines Erachtens, etwas sehr, sehr Wichtiges gesagt, nämlich, dass es Geduld braucht. Ohne Geduld geht da gar nichts, das muss man so sehen und auch so sagen dürfen. Gut, dann wären wir uns also einig, dass sie die Maria zu sich nehmen. Ich werde dann ab und zu mal bei ihnen vorbeischauen dürfen, um zu sehen, wie es ihr geht. Ich muss das tun, von Amts wegen, sie verstehen. Herr Kowalski erhält dann jeweils ein Doppel meines Berichtes.

Herr Kowalski nickt.

Gut, erledigen wir noch das Schriftliche und wir machen noch einen Termin, wann wir gemeinsam an den Niehler Damm zum Heim fahren, und dann begleite sich sie noch nach Poll und hoffe, dass dann alle Beteiligten zufrieden und froh sind. Wenn ich das mal so formulieren dürfte. Sie zupft sich ihre Bluse zurecht.

Die Personen verabschieden sich freundlich.

Montag, 26. Oktober 2020, 15:07

Auf dem Melaten-Friedhof, Köln-Lindenthal

Manuel, der Praktikant aus dem Hospiz, meint: Das war nun ein einfaches Begräbnis. Außer uns waren noch 4 Leute dabei. So wie ich mitbekommen habe, waren das irgendwelche Bekannten von ihr. Sahen ja reichlich zerlumpt aus, diese Gestalten. Er trägt eine schwarze Hose und ein dunkelblaues Hemd. Sein Anorak ist mint-grün und sticht etwas aus der Gruppe heraus.

He, Jong, mach mal etwas kürzer. Das waren Menschen, die an sie gedacht haben und ihr die letzte Ehre erwiesen haben. Wie die aussahen, spielt hierfür aber janz und jar keene Rolle, capisco!?

Ja, ich meine ja nur.

Auch beim Meinen muss das Jehirn injeschaltet sin. Verdammt nochmal.

Okay, dann bitte ich um Entschuldigung.

Kannste verjessen, ist abjelehnt. Entschuldigungen kann man nämlich auch ablehnen.

Ja, den kenne ich, war von einem früheren Lehrer von dir. Haste mir schon einmal erklärt. Aber was anderes, wo hattest du denn diesen Zettel her?

Den han ich bei Marias Sachen jefunde. Fand ich interessant und deshalb han ich ihn vorjelese. War doch gut, wenn schon kein Pope anwesend ist. Sie galt ja als konfessionslos. Zum Glück war sie Bürgerin von Kölle und so bezahlt Vater Staat oder Mutter Colonia die Beerdigungskosten und die Urne, die hier auf Melaten ausgestellt werden wird.

Kann ich den Zettel einmal sehen?

Bitte schön, aber bitte sorgfältig damit umgehen. Ich werde ihn einrahmen lassen und dann kommt er bei uns in Büro. Wat hältst davon, ist doch eine jeile Idee, oder etwa doch?

Hm, also ich weiß et nit, wie der Bayer zu sagen pflegt.

Wenn mir etwas auf'n Sack geht, ist es, wenn man meine Witze kopiert und dann auch noch so schlecht. Bitte das in Zukunft zu unterlassen. Wie soll dat nur wigger jonn?

Kann ich jetzt den Zettel mal sehen. Und du meinst, dass Maria ihn geschrieben hat.

Ja, meine ich, wer denn sonst, du Pappnas. Hier zum einmal Draufgucken.

1. «Sterben und Trauern im Judentum: Heimkehr zum Schöpfer»

2. «Vergehen und Weiterleben im Buddhismus: Tod als Übergang»

3. «Tod und Auferstehung im Christentum: Jenseits des jüngsten Gerichts»

4. «Durch Feuer und Wasser: Sterben und Wiedergeburt im Hinduismus»

5. «Das letzte Gebet: Bestattung und Abschied im Islam».

Was hat sie damit wohl gemeint?

Dat weiß ich nit. Loss me wigger jonn, et küt et usselich wetter, glaube ich. Da lagst du ja mal mit deinem geilen Anorak goldrichtig. Ja, sie hat das wohl abgeschrieben, irgendwo und irgendwie wusste sie auch, dass es wohl bald mit ihr zu Ende gehen wird. Interessant daran finde ich die Nummerierung.

Warum?

Mir scheint es, dass sie damit eine Wertung ausdrücken wollte. Warum dann allerdings das Jüdische an erster Stelle steht, verstehe ich auch nicht. Aber irgendeine Bedeutung hat et wohl.

Was heißt 'Wertung', verstehe ich nicht.

Ja, einfach, die erste Nennung war ihr die wichtigste, das scheint mir einfach logisch so.

Möglich, aber das sind ja im Grunde auch philosophische Aussagen.

Jenau, gut erkannt, Herr Professor in spe.

Lass das, du weißt, dass ich das nicht mag.

Deswegen sage ich es ja auch. Ä Krätzje muss an und ab och sin.

Was is dat dann?

Oh, du nimmst ja langsam Färbung an. Ä Krätzje ist ein Witz.

Okay, von dir kann man ja noch einiges lernen. Hast du eigentlich auch noch etwas anderes studiert als Soz.päd.?

Ja, du wirst es nicht glauben, angefangen habe ich mit Philo, aber abgebrochen, weil zu abgehoben. Aber das ist jetzt nicht wichtig. Gehen wir noch in de Weetschaaf um die Eck und trinken einen auf Marias Abgang. Sie het es sich verdient. Lass mer noch eine nünne, solang mer dat noch künne.

Verstehe ich nicht wortwörtlich, aber sinngemäß wohl schon. Auch gut.

Eben: Et kütt, wie et kütt. Und damit Basta, wie der Bayer zu sagen pflegt. Oder: wat kütt, dat kütt. Weißt du eigentlich, wenn wir schon bei der Sprachausbildung in Kölsch sind, was Orgasmus auf Kölsch heißt.

Nein, wusste ich bislang noch nicht, aber du wirst es mir sicher direkt sagen, obwohl ich nicht denke, dass diese Frage dem heutigen Anlass angepasst ist.

Eben jerade doch, du Tünnes. Orgasmus auf Kölsch heisst: et kütt! Und es passt sehr, sehr jut, weil mit dem Sterben ist das Leben unwiderruflich verbunden. Wenn de läbst, biste vom Tod umfange.

Oh, mein Gott!

Der sowieso. Aber man kann es auch so sehen, wenn wir leben, ist der Tod noch weit und wenn wir tot sind, braucht er uns nicht mehr zu kümmern. Also es passt alles zusammen. Verstehste, Jong.

Ever sischer dat! Und et hätt noch immer jut jejange.

Korrekt, Platon.

Freitag, 7. Januar 1955, 16:20

Frau Sack, Leiterin des Montessori-Kindergartens am Heumarkt eröffnet die Krisensitzung. Anwesend sind noch die Kindergärtnerin Frau Markovic sowie die pädagogische Mitarbeiterin Frau Eisenhut.

Also, wir haben hier uns heute zusammengefunden, in dieser außerordentlichen Sitzung, wegen den Vorkommnissen aus den letzten Wochen mit unserer kleinen Maria. So kann das ja nicht weitergehen. Es sind jetzt mehrere Eltern an uns herangetreten und meinen, dass sie sich überlegen, ob ihr Kind nicht in einen anderen Kindergarten gehen soll, wenn es hier so von einem Kind tyrannisiert, wird und vor allem: wenn wir dieser Sache nicht Herr werden. Admira darf ich dich bitten, uns mal einen kurzen Bericht aus deiner Gruppe zu geben, damit wir alle auf dem gleichen Stand sind.

Ja, mache ich gerne, ich wäre sowieso in der nächsten Zeit zu Dir gekommen, um diese Sache zu besprechen. Sie ist schwirig und ich muss sagen, dass ich auch nicht mehr genau weiterweiß, was wir mit diesem Mädchen noch machen sollen. Es gibt Tage, da geht es reibungslos. Sie macht gut mit, sie kann auch alle Liedtexte auswendig, also dumm ist sie nicht. Sie kann auch sehr gut Türme bauen. Auffallend ist, dass sie Mühe hat, mit anderen Kindern zu spielen. Dann ist auch schon auf dem Buben-Klo erwischt worden. Sie meinte nur, dass sie mal sehen wolle, was die da so haben. Ich habe da kein grosses Aufheben darum machen wollen und habe es als sogenannte Doktorspielchen verstanden. Rollenspiele liegen ihr nicht so. Vater-Mutter-Kind, was ja sehr beliebt ist, lehnt sie völlig ab.

Silvia wendet ein: Kein Wunder.

Monica: wie meinst du das?

Silvia: das Kind kennt ja seine Eltern, seine Erzeuger nicht. Da ist doch Vater-Mutter-Kind wohl eher ein schmerzliches Erlebnis für das Kind.

Admira wendet ein: dass weiß das Kind doch noch gar nicht.

Silvia: ich glaube doch, schließlich lebt es ja bereits bei den zweiten Pflegeeltern. Das geht doch nicht spurlos an einem vorbei. Oder?

Monica: Gut, das verstehe ich, aber das hilft uns im Moment auch nicht weiter. Was machen wir mit diesem Kind. Ich stehe ja vor den Eltern und muss den Kopf hinhalten, wenn diese nicht mit unserer Arbeit zufrieden sind.

Admira: wir können sie nicht dauernd kontrollieren und vor allem, wenn sie wieder ihre guten Phasen hat, dann lässt natürlich auch unsere besondere Aufmerksamkeit ihr gegenüber etwas nach und sie ist unberechenbar. Plötzlich hat sie einen Schub, pitscht und beißt, schreit, wirft sich auf den Boden und ist durch nichts und niemanden zu beruhigen. Hoffnungslos sage ich. Es passiert wie aus heiterem Himmel; man ist jedes Mal wieder völlig überrascht.

Silvia: Sorry, aber man kann sie schon beruhigen, man muss dann mit ihr den Ort verlassen, in Räumchen daneben gehen. Ich nehme sie dann auf den Schoss und tröste sie.

Admira: Da ist dann eben das Problem. Ich verstehe nicht, warum man sie in solchen Situationen auch noch belohnen soll. Das ist doch absurd. Ich mache das nicht, auf keinen Fall. Das ist einfach nicht gerecht, auch den anderen Kindern gegenüber.

Monica: Hm, das gefällt mir aber nun gerade gar nicht. Das hieße ja, dass ihr völlig unterschiedliche Vorgehensweisen dem Kind gegenüber an den Tag legt. Das kann ich nicht gutheißen. Auch muss ich sagen, dass mir dies Eltern schon durch die Blume angedeutet haben. Das kann ich nun gar nicht akzeptieren. Sorry, Leute, aber das muss ich so sagen. Also bedeutet das für mich: eine weitere Baustelle. Vielen Dank dafür! Das heitert mich enorm auf und verspricht einen guten Tag zu werden. Wirklich...

Admira und Silvia schweigen. Monica auch.

Silvia: Aber es geht doch darum, dass dieses Mädchen kein Urvertrauen auf…

Monica fällt ihr ins Wort: Theoretische Erörterungen vertrage ich jetzt gerade gar nicht und den Erikson haben wir alle mal gelesen oder in der Ausbildung gehabt. Wir können ja Maria zu ihm schicken. Die Frage für mich ist: Wie weiter? Ich habe mir überlegt, dass Maria die Gruppe wechseln muss. Sie kommt dann von der Vormittags- in die Nachmittagsgruppe und ich muss mit den Karsulzkes reden, ob sie damit einverstanden sind. Wenn das nicht geht, sehen wir uns wohl gezwungen uns von Maria zu trennen. Da beißt die Maus keinen Faden ab. Ich muss Lösungen präsentieren. Und das wäre eine. Gruppenwechsel: was meinst du dazu, Admira?

Das finde ich eine gute Idee. Damit bin ich einverstanden.

Ich kann dazu gar nichts sagen, fragt Silvia.

Monica: Nein, gemäß unseren Richtlinien haben pädagogische Mitarbeiter kein Anhörungsrecht, wenn es um pädagogische Inhalte geht. Tut mir leid. Wenn das geändert werden soll, müsste das an einer Vorstandssitzung des Montessori-Kinderhaus-Vereins diskutiert werden. Ich bin gerne bereit, das dort einem vorzubringen. Genügt das, Silvia?

Hm.

Dann muss ich noch mit Rosalie von der Nachmittagsgruppe sprechen. Aber sie ist schon vorbereitet und ahnt, was da auf sie zukommt.

Du hast sie also schon vor-informiert, fragt Silvia.

So kann man das nicht sagen, ich habe einfach mal vorsondiert. Sie war dankbar, dass sie damit, wenn dann der Entscheid gefallen ist, nicht einfach so vor vollendete Tatsachen gestellt wird. So wird auch ein Schuh daraus, liebe Silvia. Was ich noch anfügen möchte, ist, dass ich Maria beim nächsten Arzttermin gerne auch dem Dr. Meier vorstellen möchte. Eventuell weiß er uns noch einen Rat bzgl. Maria, eventuell kann ihr auch etwas zur Beruhigung verschreiben.

Admira: finde ich eine gute Idee.

Dazu will ich nichts sagen. Ich finde es aber problematisch.

Aber dass sie andere Kinder schlägt, kneift und beißt, findest du das etwa nicht problematisch?

Natürlich, aber es geht doch darum, wie wir damit umgehen.

So leid es mir tut und das kannst du mir wirklich glauben, wir können das Schicksal von Maria nicht ändern, nicht grundlegend verbessern. Wir müssen sehen, wie wir damit klarkommen und mein Job ist es, dass der ganze Laden hier, einigermaßen rund läuft. Ich bin für 40 Kinder und deren Eltern zuständig und muss dem Vorstand vierteljährlich Bericht erstatten. Maria ist also eine von vielen anderen Kindern und dass ihr Schicksal aus dem Rahmen fällt, dafür können wir, auch du Silvia, nichts. Aber wir bemühen uns. Wenn niemand mehr noch etwas hinzufügen möchte, würde ich die Sitzung gerne schließen. Würde dann mit den Karsulzkes, mit Dr. Meier und Rosalie reden. Ich danke für die Mitarbeit. Silvia möchte ich bitten, noch einen Moment zu bleiben, damit wir noch einen Gesprächstermin für ein Mitarbeitergespräch abmachen können. Danke.

Sonntag, 25. Juli 2010, 18:37

Es ereignete sich eine Kältewelle in Europa; es gab Kältetote. Es wurde der kälteste Dezember gemessen, sei Mess-Beginn 1910 (the big freeze).

2 Schwestern, die Kinder von Maria

Hoi, große Schwester, happy birthday, alles Jute zum Wiegenfeste

Danke, kleines Schwesterlein, wie jeht et dich, siehst ja wieder mal voll proper aus. Brust raus, Bauch rein, das Motto.

Gut, Gut, Danke der Nachfrage, keine Neidgefühle bitte. Dein Kölsch-Platt war auch schon besser.

Ja, es sind eben nur noch Erinnerungen.

Du bist allein?

Nein, die Gäste kommen noch, so in einer halben Stunde. Ich habe dir diese Zeit angegeben, damit wir noch ein bisschen quatschen können.

Ach so, aber auch gut. Gibt es denn ein bestimmtes Thema.

Ich weiß nicht, wie bist du denn mit Maria so im Allgemeinen im Kontakt?

Es geht so, nicht so besonders. Du weißt ja warum.

Ja, eben, ich mache mir Sorgen.

Warum?

Ich denke, es geht ihr nicht gut. Sie kriegt ja jetzt ein neues Kniegelenk. Ein neues Hüftgelenk hat sie ja schon.

Ja, das ist eben die alte Judo-Krankheit.

Das ist es nicht, aber das kommt natürlich noch dazu. Ich glaube, sie trinkt wieder, oder noch mehr. Dann hat sie ja mit dem Rauchen aufgehört und jetzt aber wieder angefangen.

Das habe ich schon mitbekommen. Aber ich muss dir ehrlich sagen, es interessiert mich eigentlich nur am Rande. Sie ist unsere Mutter, das ist einfach so, aber in dieser Rolle hat sie sich nun wahrlich nicht mit Ruhm bekleckert.

Kann schon sein. Aber trotzdem.

Nix trotzdem. Sie wollte es so und sie hat so gelebt, wie es ihr gepasst hat, immer. Ihr Schicksal ist unser Vater, nicht mehr, auch nicht weniger. So sehe ich dat eben.

Muss ja auch sehen, wie ich damit klar komme. Abgesehen davon, du ja auch. Aber du hast ja jetzt selber Familie. Aber kennst du noch das kölsche Motto: Jeck, lass Jeck elans. So sehe ich unsere Mutter.

Wie du von ihr aber auch sprichst.

Stimmt es etwa nicht? Nä, nä, Marie, es dat hee schön!, das war doch immer schon ihr Motto. Wenigstens von außen betrachtet.

Ja, schon, aber es ist doch unsere Mutter.

Früher hat es aber auch bei dir schon ganz anders getönt.

Ja, das stimmt, gebe ich zu. Aber seit ich selber Mutter bin, sieht man eben alles etwas anders.

Mag schon sein. Was willste denn nun andeuten.

Es könnte sein, dass sie sich zu Grunde richtet.

Tut sie das nicht schon seit Jahrzehnten. Hoch die Tassen, in Afrika ist Muttertag, drink doch ene mit und so weiter. Ist und war das nicht ihr Motto, ihr Leben lang?

Ja, sie hatte immer schon etwas Unberechenbares. Sie wollte frei sein und war es im Grunde doch nie.

Schön gesagt, alte Schwester

Ja, ihr Jungen, lernt erst mal das Leben kennen.

Gut, darauf gehe ich jetzt nicht ein. Ich kann nur sagen, dass es damals, als wir Köln verlassen haben, eine verdammt schwere Zeit war und dass ich es ohne dich vermutlich nicht geschafft hätte und dafür bin ich dir mein Leben lang dankbar.

Das ist ein sehr, sehr schönes Geburri-Geschenk, lass dich umarmen.

Du drückst ja janz schön dolle.

Oh, sorry, habe eben etwas mehr Pfunde drauf als du. Ich beneide dich ja um deine Figur. Wie du das nur machst. Ich schaffe das einfach nicht.

Du schaffst dafür viel anderes und das ist auch nicht wenig.

Ja, es war gut, dass wir damals zusammengeblieben sind und uns immer noch kennen. Das finde ich schön. Papa ist ja mittlerweile auch nicht mehr mit Bibi zusammen. Wie habe ich damals immer gesagt, bis es dich genervt hat: So ist es eben.

Genau, so ist es, mein Lebensweg verlief ja, was die Männerwelt anbelangt, auch nicht gerade stromlinienförmig, aber trotzdem finde ich den Weg, den unsere Mutter gewählt hat, schon sehr problematisch und deshalb bin ich auch froh, dass wir hier gelandet sind und es geht uns ja nicht schlecht dabei.

Ja, da hast du recht. Oh, ich glaube, es hat geklingelt, die Jäste kummen.

Na, dann freue dich doch darauf. War schön wieder mal so in der Familisch jequatscht zu haben.

Ca. 20 Gäste treten mit grossem Halli-Hallo ein.

Donnerstag, 6. Juni 2002, 15:22

Ein Jahrhundert-Hochwasser wird aus Österreich, Bayern, der Slowakei und Ungarn vermeldet.

Kaffee-Plantage San José in Nuevo Colonia auf Costa Rica, Gespräch mit dem CEO der Plantage, Salvatore, von seinen Leuten hinter seinem Rücken liebevoll Salvi genannt, und seinem Vorarbeiter Immanuel. Natürlich raucht der CEO eine Kubanische. Er trägt ein Gilet aus Leder und ein rotes Halstuch.

Sag mal, die Maria ist ja jetzt bereits ein halbes Jahr hier. Wie macht die sich denn?

Hm, schwer zu sagen.

Warum?

Ja, was soll ich sagen?

Mann, du druckst hier aber rum. Was ist denn los? Arbeitet sie nicht gut?

Das kann man so nicht sagen.

Wie kann man es denn sonst sagen, man Manuel, du nervst, nun mal raus mit der Sprache.

Was tut sich da bei der Frau?

Ja, ich verstehe schon, was du meinst. Es tut sich da so dies und das.

Du, langsam reicht es mir. Wenn es nicht anders geht, setzen wir dieses Gespräch in meinem Büro fort und es gibt einen Eintrag in deine Personalakte. Das ist hier in diesem Land nicht so üblich, aber du weißt, ich habe da so einiges von meinem Großvater Hans-Ulrich, Gott hab ihn selig, von ihm und von den Deutschen übernommen. Genau Buchführung, sowohl beim Geld wie beim Personal, sind das A und O eines gesunden Betriebes, hat er immer gesagt und daran werde ich mich halten, so lange ich hier das Sagen habe. Kapiert?!

Kapiert. Du bist der Boss und dank dir habe ich und meine Familie einen guten Lohn, dafür bin ich dir dankbar, werde ich immer dankbar sein. Also, nun zu Maria.

Schön, dass wir dieses Thema nicht aus den Augen verlieren.

Man muss da zwei Dinge sehen. Da ist zum einen ihre Arbeit auf der Plantage. Die macht sie, nicht besonders schnell, aber es ist okay. Sie könnte noch zulegen, zumal sie ja schon ein halbes Jahr hier ist. Aber sobald etwas nicht ganz rund läuft, stockt sie und damit natürlich auch die Kolonne, in der sie zugeteilt ist. Sie kann immer noch kein richtiges Spanisch und versteht dann die Leute nicht, insbesondere dann, wenn es etwas hektisch zu und her geht. Verstehste, was ich meine?

Ich verstehe sehr gut, zumal mir das selber schon aufgefallen ist. Ihre Fortschritte im Spanischen sind mager. Keine Frage und das ist nicht gut. Ohne Sprache, kein Fortschritt bei der Arbeit. Hat jeweils mein Großvater, Gott hab ihn selig, gesagt und damit hatte er recht. Kundenkontakt geht dann natürlich auch gar nicht.

Nein, das geht gar nicht und mit den hiesigen Bauern, die dann auch noch ihren Dialekt sprechen, läuft dann gar nichts mehr.

Das ist klar. Du hast aber von zwei Dingen gesprochen. Was ist die andere Sache, obwohl ich es schon ahne. Die Zigarre ist ihm mittlerweile ausgegangen und er muss sie neu anzünden. Aber irgendwie schmeckt sie ihm nicht mehr so ganz.

Tja, was soll ich sagen, wenn du es ohnehin schon weißt.

Wissen, tue ich nix, aber man hört so dies und das. Also, was hört man genau, Manuel, du bist bei den Leuten dran und von dir verlange ich einen korrekten Bericht. Darauf muss ich mich verlassen können. Wie mein Großvater ...

Ist schon gut, Salvatore, lassen wir den alten Herrn, ich habe ihn verehrt, das weißt du, ohne ihn gäbe es diese Plantage nicht. Also sie macht mit den Arbeitern rum. Ich habe sie schon darauf angesprochen, aber sie hat nur gelächelt und mir zugezwinkert. Aber ich bin darauf nicht eingegangen. Das kannst du mir glauben.

Glaube ich. Also sie macht die Männer an. Das ist nicht gut, gar nicht gut, das versaut das Arbeitsklima und bringt mir die Männer durcheinander. Die sind ja immer scharf, wenn es um eine Frau aus Europa geht; warum habe ich nie so ganz verstanden. Aber es ist so.

Ich habe ihr schon gesagt, dass sie das lassen soll, aber sie hat wieder nur gelächelt und gesagt, aber es sind ja alles so nette Männer und es wäre doch nichts dabei.

Eine Schlampe. Mehr kann man wohl dazu nicht sagen.

Eigentlich ist sie doch ganz nett.

Immanuel, es reicht. Hast du vielleicht auch mit ihr.

Nein, Nein, Salvatore, ich schwöre bei der Heiligen Mutter Maria.

Maria, das fehlte mir gerade noch. So heißt sie ja auch noch.

Ja, die Männer sehen dies als ein gutes Omen, eben weil sie so heißt, denken sie, dass sie dann nichts Falsches tun, wenn sie, ja du weißt schon.

Oh, Heilige Scheiße, das darf ja nicht wahr sein, wird sie eventuell auch noch verehrt?

So, in etwa in diese Richtung.

Diese Schlange, sie sei verflucht. Und du sagst, sie sei auch noch nett, unglaublich ist das. Ich bin zutiefst entsetzt. Das Weib muss sofort meine Plantage und die Hazienda verlassen.

Ich befürchte Salvatore, dass das so einfach nicht gehen wird. Wir haben auch in Costa Rica Gesetze und sie ist ordentlich bei der Deutschen Botschaft in der Ave. Ponce de León in San Juan gemeldet. Die würden ja dann fragen, arbeitet sie nicht ordentlich, kommt sie zu spät, führt sie die Aufträge nicht ordentlich aus usw. Du verstehst, was ich meine.

Ja, ja, ich verstehe schon, Gesetz und Ordnung sind das Fundament jeder gut funktionierenden Gesellschaft, sagte, na du weißt schon wer.

Und ob ich es weiß. Ich denke, ich werde noch einmal mit ihr sprechen, werde sie ermahnen und wenn das Jahr vorbei ist, werden wir ihren Kontrakt, der ja nur für ein Jahr ausgestellt worden ist, nicht verlängern. Was hältst du davon?

Gut, Manuel, das hat Hand und Fuß. Zum Glück habe ich auf dich gehört und den Kontrakt nicht auf zwei Jahre gemacht, wie ich das ursprünglich vorhatte. Aber du hast dich wieder einmal durchgesetzt und auch Recht behalten. Dafür bin ich dir dankbar und es wird dein Schaden nicht sein.

Danke, Boss.

Also, du redest mit ihr und versuchst sie irgendwie in Schach zu halten und drei Monate vor Jahresende schickst du sie mir ins Büro und ich teile ihr mit, dass am Ende ihres Jahres hier Schluss sein wird, für immer und ewig. Er schmeißt seine Zigarre nun endgültig weg.

Gute Idee von Dir, Salvatore. Dann wäre das hier jetzt erledigt. Ich muss in die Rösterei, jetzt gleich.

Ich will dich nicht aufhalten. Vielen Dank, Manuel

Keine Ursache, Boss.

Freitag, 21. Juni 1974, 20:15

Eine Rede vor ca. 20 Personen, im Innenhof der Volkshochschule, Josef Haubrich-Hof in Köln. Der Redner trägt einen grauen Anzug mit einer dunkelgrauen Krawatte. Sein Anzug sollte dringend wieder einmal aufgebügelt werden. Er trägt sein Haar fast schulterlang.

Meine sehr verehrten Damen und Herren

Ich begrüße sie recht herzlich zu unserer Verabschiedung der erfolgreichen Abendschüler und Schülerinnen. An diesem schönen Sommertag freue ich mich besonders, dass ich in meiner Eigenschaft als Direktor dieses Ausbildungsganges, die dementsprechenden Papiere überreichen darf. Wie gesagt, es sind acht Absolventen, die es letztendlich geschafft haben. Das hört sich nach wenig an, aber die Hürden waren auch dementsprechend hoch. Vor mehr als 2 Jahren haben über 60 Personen in zwei Kursen den Weg in unserer schönen Dom-Stadt hin zu dieser Prüfung, nämlich der sogenannten 'Begabten Sonderprüfung', in Angriff genommen. Nach einem Jahr waren es noch ca. 30 und wir haben dann eine Klasse gebildet. Viele hatten sich zu viel vorgenommen und mussten einsehen, dass die Trauben eben doch auch sehr hoch hängen können. Am Schluss gingen dann 12 Personen zur Prüfung; leider haben es nur deren 8 dann schlussendlich geschafft. Diesen acht Personen gratuliere ich von Herzen. Sie haben viel Ausdauer und auch enorm viel Fleiß bewiesen in den letzten zwei Jahren, aber es hat sich für sie gelohnt. Sie können sich mit diesem Papier, natürlich mit Stempel und Unterschrift versehen, ihre lang ersehnte Matrikel-Nummer holen und ihr Studium beginnen.

Ich habe einen kleinen Imbiss richten lassen. Wenn sie das ersehnte Papier haben, lassen sie sich es hier im Hof schmecken und danach lockt ja dann vielleicht auch noch ein Kölsch am Neumarkt. Ich wünsche Ihnen für die Zukunft, denn diese hat ja nun erst so richtig begonnen, weiterhin viel Durchhaltevermögen und Erfolg! Schließen möchte ich mit dem Kölschen Motto, das insbesondere auch für unsere acht erfolgreichen Teilnehmer und Teilnehmerinnen gilt: Et kütt, wie et kütt.

Ich lese nun die Namen der acht Personen vor und bitte sie, nach vorne zu treten. Es sind dies: Maria...

Dienstag, 9. Februar 1965, 14:31

Judoschule Samurai,

Berni studiert an der Deutschen Sporthochschule in Köln und ist gleichzeitig neuer Judolehrer in der Judoschule. Er kommt aus Hamburg und ist mit dem Kölschen, was immer auch damit näher gemeint sein soll, noch nicht so vertraut.

Hallo Berni

Hi Hartmut,

Na, wie läuft der neue Kurs? Noch alle dabei?

Ja, ja, läuft ganz gut, jedes Mal viele Leute auf der Matte. Alles etwas eng. Man muss gut organisieren. Aber das weißt du ja.

Die alte Leier. Wir sind in Verhandlung, die Straße weiter unten, in der Ehrenstraße. Da ist ein Supermarkt, der eventuell auszieht und da könnten wir dann das ganz Lokal übernehmen. Da könnten wir drei Mattenflächen installieren. Das heißt, dann könnten drei Trainingsgruppen nebeneinander trainieren. Mal sehen, was daraus wird.

Wäre super.

Irgendwelche Talente in deinem neuen Kurs gesichtet?

Ja, sehr wohl. Da ist mir ein Mädchen aufgefallen, Maria heißt sie, ist 14. Sie lernt alles unheimlich schnell und trainiert nur mit den Jungs, die Mädchen sind ihr zu schwach, zu ängstlich. Am Boden ist sie nicht so stark, aber im Stand kann sie praktisch niemand werfen, auch von den Jungs nicht. Sie steht echt stark. Habe ich so noch nie erlebt.

Gut, dann sieh mal, dass sie bei der Stange bleibt, vielleicht wird sie einmal an Wettkämpfen teilnehmen, wenn es denn solche für Mädchen geben wird. Aber ich denke schon.

Da bin ich mir noch nicht so sicher. Die Judo-Clique ist ja sehr konservativ.

Kann schon sein, aber wenn mehr Mädchen in die Judo-Schulen strömen, ist das gut für den Umsatz und so denke ich, wird das auch so kommen.

A ha, marktkapitalistische Gedankengänge also.

Du willst ja auch dein Honorar haben, oder versteh ich da irgendetwas irgendwie falsch?

Schon gut. Alles klar. Muss auf die Matte, habe Unterricht.

Davon will ich dich natürlich keinesfalls abhalten. Tschö, mit ö.

Freitag, 1. August 1980, 12:04

Venloerstraße, Wohnhaus in der Nähe des Friesenplatzes. Zwei Mieterinnen treffen und unterhalten sich. Es ist noch nicht lange her, seit sie ihre jeweiligen Betten verlassen haben. Es war wohl, wieder einmal, ziemlich spät geworden, bis sie diese in ihren Appartements gefunden haben.

Hallöchen, Corinna

Ebenso, Manuela, wie jeht et denn immer su? Du lebst ja nach dem Motto: Wer lang schläf, dä schläft sich wärm; wer fröh obsteit, dä friss sich ärm.

Ach, hör up, dat war wieder ein Lärm, jestern Naach.

Ja, kann ich mer denke. Die treibt es janz schön bunt.

Bunt, is jut, die lässt sich zigmal näle, die hatte wieder einen strammen Burschen bei sich.

Kommt da jetzt etwa etwas Neid auf, Corinna. Du hattest ja schon eine lange Zeit nix mehr dazwischen. Oder: besser en Luus em Döppe wie jar kein Fleisch.

Manuela, nu reichts aber. Von Neid kann da keene Rede sin. Als Schlampe möchte ich nämlich nicht im Veedel bekannt sein und werden. Wir an dä Venloerstraß sind doch anständje Mädsche. Mehr oder weniger, Spaß muss sin.

Wo dä recht hast, haste rächt. Da it et nix. Da jeht och nix drüver, Corinna. Aber wat die Maria da abzieht, also ich wees ja nit, tut die denn immer en jummi drum, man hört ja da so einiges.

Ich han jedacht, dat müssen nur die Schwulis, dat mit dem Jummi.

Han ich och erst jedacht. Stimmt und stimmt nicht.

Manuela, willste mich verarschen.

Wo denkste hin, würde ich mir nie jetrauen. Ich han im Express jelese, das auch wir, also Nicht-Schwulis, will ich mal so sagen, uns anstecken können und dat dann jenau so schlimm herauskommen tät, wie bei denen.

A ha, und du meinst, dat dat stimmen tät.

Wenn es doch im Express jestanden hat.

Ich werd mal den Willi fragen. Vielleicht weiß der mehr.

Jon mir mit dem Willi weg, der will ihn doch auch nur reinstecken, dieser abjebrochene Sitzriese, der sein Studium nicht geschafft hat.

Na, beruhig dich, Manuela, ich weiß, dass du den nicht leiden kannst, aber manchmal finde ich ihn janz amüsant. Er war ja fast Doktor, es hat ihm nur noch eine Prüfung jefehlt, aber da konnte er nicht hin. Hat er mit so jesagt.

Ja, und weeste auch warum er nicht hin konnte?

Ne, weiß ich nit.

Weil er mit der Maria in der Kiste zujange war und sie da ordentlich untersucht hat, wenn de verstehst, wat ich meine. Kapiert?

Na, davon han ich noch nie jet gehört. Dat is ja en Ding und deswegen ist er nicht Doktor jeworde. Dat is ja schlimm. Dann ist dat dem Maria sin Schuld, oder.

Wat weiss ich. Is mir och ejal und jeht mir nebenbei auch noch am Arsch vorbei. Er wusste ja, wat auf dem Spiel stand, aber wenn ihm der Verstand in den Pimmel jerutscht is, dann is et mit de Kerle sowieso am End. Sollen wir denn die Maria mal darauf ansprechen tun, wat meinste?

Ne, dat dann wohl nicht. Ich jönn ihr ja den Spass, nur dass es immer so laut ist dabei, dat verstehe ich nit janz. Aber mer muss et nemme, wie et kütt.

Tja, versteh schon, und wenn et ihr ebe kütt, dann eben Prost Mahlzeit.

Wo dä recht hast, haste rächt. Ich muss jetzt aber mal los, zum Friseur und dann muss ich noch den Kater födere.

Ich dachte, dat hättse schon jetan.

Ach, wat du wieder meinst, wir sind doch anständje Fraulück. Den Hannibal meine ich doch.

Ach der. Der findet schon jeweils eine Maus. Na, ich muss dann mal auch. Mach et jut.

Mach et besser. Tschüss, man sieht sich.

Die Tage, ever janz bestimmt.

Donnerstag, 4. Februar, 1993, 09:00

Es wurden Höchstwasserstände des Rheins vermeldet; die Schadenssumme wurde auf 400–500 Millionen Euro geschätzt.

Vor dem Amtsgericht der Stadt Köln

Der Herr Staatsanwalt hat das Wort.

Vielen Dank Herr Richter. Die Angeklagte, eine gute Bekannte des Gerichts, sitzt hier, verzieht keine Miene, bereits zum fünfundzwanzigsten Male. Ihr Aktenberg ist ca. 45 cm hoch, ihre Vergehen nahezu endlos, immer wieder Ladendiebstähle und Fahrgeld-Erschleichung. Was soll man dazu noch sagen; im Grunde fehlen mir die Worte und wenn ich etwas Substantielles dazu äußern möchte, wäre es doch immer wieder das Gleiche. Enervierend, auch langweilig und im Grunde auch impertinent, obwohl ich hier beileibe nicht moralisieren möchte. Aber mit Moral und Ethik hat das Verhalten der Angeklagten sehr wohl zu tun. Wer so oft das Gemeinwohl schädigt, es in einer nach geradezu unverschämter Art und Weise schröpft, gehört, wenn auch nur für eine kurze Weile, weggesperrt. Wie schon der berühmte Königsberger Philosoph meinte, dass die Maxime meines Handelns einer allgemeinen Gesetzgebung zu folgen hätte, so verletzt die Angeklagte diese Kategorische Forderungen, auf der unser ganzes Rechtssystem, unser aller Zusammenleben basiert, auf das Sträflichste. Wo kämen wir hin, wenn alle so dächten, so handeln würden. Die Läden wären leer, die Öffentlichen Verkehrsmittel bankrott. Es wäre eine Verluderung der Sitten festzustellen; Anarchie und völliges Chaos wären die Folgen; die Konsequenzen unabsehbar. Ein slippery-flop die nicht mehr aufhaltende Konsequenz. Im Grunde gar nicht vorstellbar. So viel dazu.

Wie ist nun das Verhalten der Angeklagten zu würdigen, und dies in einer Art und Weise, dass man ihrer Persönlichkeit im Namen der Gerechtigkeit, auch gerecht wird. Man beachte die Doppel-Wertigkeit dieser Formulierung. Es geht zum einen um eine allgemeine Gerechtigkeit und zum anderen um eine individuelle, die der Person, über die wir hier nach bestem Wissen und Gewissen zu richten haben, Gerechtigkeit widerfährt. Dazu ist festzuhalten, dass die Angeklagte unbelehrbar ist. Die ihr vorgeworfenen Taten hat sie zig-Mal begangen. Von Einsicht kann hier nun wirklich schon lange keine Rede mehr sein. Sie wurde verwarnt, sie bekam als Jugendliche Freizeit-Arreste, später wurde sie dann gebüßt, dann wurden, wie ich meine, über das zulässige Recht, von meinen Kollegen mehrmals eine Strafe zur Bewährung ausgesetzt. Vielleicht zu oft, wie ich mir hier erlaube zu bemerken. Aber das steht im Moment nicht zur Debatte. Haben alle diese Strafen, sie wurde des Öfteren auch von

Sozialarbeiterinnen begleitet, sie zur Einsicht gebracht, dass es so nun wirklich nicht weiter gehen kann und auch nicht weitergehen darf. Gleiches Recht für alle, Justitia ist ja bekanntlich blind, weil vor dem Recht nun einmal alle gleichbehandelt werden müssen. Darauf beruht unser Rechtssystem, wie bereits erwähnt. Nun gut, oder auch nicht, ich frage: Wie hoch soll der Aktenberg dieser Verfehlungen noch wachsen? Ich denke, dass hier nun mit weiteren Bewährungen aufgehört werden muss. Warum? Sie bringen nichts, sie verlaufen in den Sanden und Bussen werden ohnehin nicht bezahlt. Natürlich handelt es sich bei den Vergehen um Lappalien, so könnte man sagen. Aber die Masse der Verfehlungen hebt diese auf ein ganz anderes Niveau. Das scheint mir hier der entscheidende Punkt zu sein. Also kommt für mich und für die Gerechtigkeit nur eine Gefängnisstrafe in Betracht, die ich, humanerweise, auf 3 Monate festlege. Ich danke Ihnen für Ihre Aufmerksamkeit.

Herr Verteidiger, Sie haben das Wort

Danke, Herr Vorsitzender. Nun, der Herr Staatsanwalt hat hier das hohe Lied der Gerechtigkeit gesungen. Er hat auch Kant bemüht und vor allem die Nichteinsichtigkeit der Angeklagten als ein willentlicher, krimineller Akt gewürdigt. Aber ist er damit der Würde der Angeklagten wirklich gerecht geworden? Ich denke nicht. Natürlich bin auch ich der Meinung, dass nicht alle Vergehen mit unglücklichen Sozialisationsbedingungen erklärt und damit auch weggewischt werden können. Beileibe nicht. Aber wir müssen uns schon für einen kurzen Moment vor Augen halten, um wen es sich hier handelt.

Die Angeklagte hat sich noch nie einer Tätlichkeit schuldig gemacht. Dabei wäre dies für sie ein leichtes, war sie doch immerhin einmal Dritte an der Deutschen Judo-Meisterschaft und stand bereits als Jugendliche im Nordrhein-Westfälischen Frauen-Judo-Kader. Sie hat auch in jüngeren Jahren eine zweijährige berufsbegleitende Abendschule besucht und wurde zu einem Lehramtsstudium zugelassen. Dieses brach sie dann aber leider ab. Was will ich damit sagen, was will uns dies alles sagen. Die Angeklagte kann sehr wohl zielorientiert handeln; aber ihr Lebensweg ist ein äußerst schwieriger, wie ich ihn in meiner langjährigen Laufbahn, noch selten so zu Gesicht bekommen habe. Ihre Herkunft ist ungewiss, sie kennt ihre Eltern, ihre Erzeuger, nicht, sie wurde beim Dom, man stelle sich das wirklich auch bildlich vor, abgelegt. Sie kam in mehrere Pflegefamilien, dort lief es nicht immer rund. Sie konnte sich fangen, wie erwähnt und lebt nun aber seit mehreren Jahren immer wieder auf der Straße und verrichtet Gelegenheitsarbeiten in einem Graubereich von Kirmes, Drückern und Gastronomie im weiteren Sinne. Ergo: Das Leben hat es nicht gut gemeint mit dieser Frau und nun irrlichtert sie durch die Landschaft, ist mal hier, mal dort aufzufinden, mal oben und dann eben wieder mal unten. Sie schlägt sich durch, ohne je einmal jemanden geschlagen zu haben. Gut, im Judosport ist, soviel ich weiß, schlagen sowieso verboten, aber das gehört nun hier nicht hin. Sie kennt aber, Herr Staatsanwalt, sehr wohl die gesellschaftlichen Gepflogenheiten von Recht und Ordnung und hält sich eben auch weitgehend daran. Wer einmal auf der Straße lebt, d.h. so weit nach unten abgerutscht ist, muss sehen, wie er zu Rande kommt und da hat sich die Angeklagte bewusst entschlossen, wie sie mir gegenüber offen und ehrlich, ich betone dies ausdrücklich, gestand, abundant mal etwas zu stibitzen, mal ein Brot, mal eine Wurst, mal einen Apfel. Wir müssen diese Dinge so benennen. Es geht hier nicht um Uhren, Schmuck oder Geschmeide; es geht um Nahrung des täglichen Lebens; es geht um Kohlehydrate, Fette und Eiweiße, um nicht mehr, aber leider auch nicht um weniger. So viel dazu.

Fahrgeld-Erschleichung. Wie soll die Angeklagte, wenn sie mal wieder einen Job in einer Gaststätte hat, oder, sie ist darauf spezialisiert, auf eine Kirmes in der Republik fährt, um dort aktiv und mit grossem Sachverstand beim Bau und Betrieb des Riesenrades mitzuarbeiten, hingelangen, wenn sie sich keine Fahrkarte nach München oder Hamburg leisten kann? Offene Fragen. Wir müssen uns ein wenig wenigstens, mit den Lebensumständen, die der Herr Staatsanwalt völlig außen vorgelassen hat, schon auch ein bisschen vertraut machen, wenn wir hier zu einem gerechten, für das Volksempfinden nachvollziehbaren Urteil gelangen wollen.

Ein letztes Wort zu der vom Staatsanwalt in den Vordergrund geschobenen Gleichheit, der Gleichheit für Alle und der so oft ins Feld geführten blind-behinderten Justitia. Natürlich dürfen nicht alle Menschen in einem Staat Diebstähle begehen und das Fahrgeld ist zu entrichten. Wir alle tun das, jeden Tag und uns allen käme nicht in den Sinn, dies nicht zu tun, nur weil die Angeklagte es nicht tut bzw. nicht tun kann, weil eben ihre Lebensumstände mit den unserigen wenig bis gar nichts zu tun haben. Ja, wo kämen wir denn dahin, wenn es nicht auch Ausnahmen geben dürfte. Aber nun verstehen sie mich bitte nicht falsch: die Rechtsordnung soll und darf nicht ausgehebelt werden, auch nicht für diese Angeklagte und sei ihr Schicksal noch so schwierig, noch so bedauernswert. Keine Frage. Aber ich bitte doch das Gericht diese Bedingungen, die man einfach nicht außer Acht lassen darf, in der ihr ihnen gebührenden Aufmerksamkeit zu würdigen und plädiere deshalb für eine a) humane und b) den Lebensumständen der Angeklagten in der Vergangenheit und Gegenwart angemessenen Strafe, die ich in der Beurteilung und Festsetzung dem Gericht überlassen möchte.

Ich danke den beiden Herren für Ihre Ausführungen. Das Urteil wird heute Nachmittag nach dem Mittagessen um 15 Uhr verkündet.

Dienstag, 19. Februar 1985, 11:04

LVR-Klinik Köln-Merheim, Psychiatrische Universitätsklinik, Entgiftung, MitarbeiterInnen der Aufnahme

Wir haben eine neue Patientin bekommen. Es ist eine vierunddreissigjährige Frau, alkoholisiert, seit Jahren abhängig. Sie wurde uns von der Polizei in Köln vermittelt. Sie ist mit der Entgiftung einverstanden.

Hat man sie über die möglichen Perspektiven einer langfristigen Abstinenz aufgeklärt?

Ja, hat man. Diesbezügliche Gespräche haben schon vor Monaten stattgefunden. Aber sie wurde immer wieder rückfällig. Es ging vor allem darum, ihre Abstinenzmotivation dauerhaft zu stabilisieren. Das ist bis anhin leider noch nicht gelungen.

Eventuell wäre ein Case-Management bei dieser Frau auch sehr sinnvoll.

Sehe ich auch so. Dann ginge es also darum, dass ein Behandlungsplan mit der Patientin erstellt wird. Aber natürlich erst dann, wenn sie die Entgiftung erfolgreich hinter sich gebracht hat.

Klar. Mir scheint die Förderung der Krankheitseinsicht und Behandlungsmotivation bei dieser Frau von entscheidender Bedeutung zu sein.

Sie wissen ja, die Hoffnung stirbt zuletzt.

Ist das jetzt eine neue Therapie.

Sie belieben zu scherzen. Aber an etwas muss man sich ja orientieren. Diese Frau stand bereits mehrmals bei uns auf der Liste und hat immer wieder abgebrochen.

Wie oft soll das denn noch so gehen.

Bis diese Frau zur Einsicht gelangt, dass sie sich mit dem Alk noch restlos zu Grunde richten wird, wird wohl noch genauso viel Wasser den Rhein runter fließen.

Darf ich dich bitten, solche Vergleiche in Zukunft zu unterlassen. Sie sind entwürdigend und ethisch nicht vertretbar.

Ich formuliere neu: Wie soll dat nur wigger jonn?

Na, das tönt doch schon viel besser, humaner. Aber es ist schon so, bei dieser Frau steis de wie nen Ohss vörm Berch. Sie wird wieder kommen.

Wieder kommen, wieder kommen, ein Schiff wird kommen, ich bin ein Mädchen aus Kölle, äh Piräus; nun gut, wenden wir uns anderen Fällen zu und lassen diese Psychohygiene mal beiseite.

Akteneintrag: Die Patientin hat nach erfolgreicher Entgiftung die Klinik auf eigenen Wunsch wieder verlassen. Sie hat nicht mit der stationär intendierten Therapie begonnen.

Mittwoch, 9. März 1983, 09:15

Seminar für angehende Juristen zum 2. Staatsexamen

Der Dozent ist leger gekleidet, eine weiße Leinenhose, Seidenhemd, Seiden-Halstuch, italienische Schuhe, trägt keine Socken, sein kurzes Rossschwänzchen hat er mit einem dünnen Lederbändchen zusammengebunden.

Ladies and Gentlemen, ich begrüße sie außerordentlich herzlich zur heutigen Seminarveranstaltung. Sie stehen ja nun kurz vor der Prüfung zum zweiten Staatsexamen für angehende Juristen und stehen auch schon seit geraumer Zeit in der Praxis. Zu diesem Behufe habe ich ihnen heute einen Fall mitgebracht, der mir erst vor kurzem untergekommen ist und den wir heute analysieren wollen. Dabei geht es mir aber und das wird sie vielleicht nicht wenig in Erstaunen versetzen, weniger um die Paragraphen als solche, die sie ja mittlerweile schon zur Genüge gepaukt haben, sondern um die, wie ich mal sagen möchte, politisch-juristische Einschätzung des Falles und bin fürwahr gespannt wie ein Flitzebogen, was da heute dabei rumkommt.

Also worum geht es. Es geht um die Scheidung eines Paares, das 1974 hier in Kölle geheiratet hat. Nichts Besonderes, I know. Das Paar hat zwei Kinder, Mädchen, die 1974 und 1976, auch hier in Kölle, geboren worden sind. Das Paar hat sich, allem Anschein nach, auseinandergelebt, will mal sagen, dass sich die beiden Lebensentwürfe im Laufe, der doch gar nicht so langen Zeit, aber doch ziemlich stark auseinanderdividiert haben. Der Mann ist sehr fleißig, wie man nicht anders sagen kann, seinen Studien nachgegangen und hat erfolgreich 2 Studienabschlüsse, mit Auszeichnung nota bene, und eine Promotion absolviert. Auch erfolgreich. Seine Frau, bzw. ehemalige Gattin, hat ihr Studium abgebrochen und arbeitet nun als Hilfs-Kraft in einem Verlag. Es geht hier um die Kinder. Dar Mann ist nämlich mit einer neuen Frau zusammen, die Sozialarbeiterin ist und mit der er wieder in die sein Heimatland zurückziehen möchte. Er hat dort auch bereits einen Arbeitsvertrag. Seine ehemalige Gattin war ursprünglich und das ist nun entscheidend, damit einverstanden, dass die beiden Mädchen beim Vater leben sollten. Seine neue Frau war mit dieser Lösung, explizit, einverstanden. Nun hat die Mutter ihre diesbezügliche Zusage widerrufen und das Jugendamt in Köln, die gute Frau Schmitz, wir sind ihr ja schon einige Male begegnet, hat diesem Widerruf zugestimmt, mit der Begründung, dass die Kinder zur Mutter gehören. Der Vater hat diesbezüglich Rekurs eingelegt und nun landete diese Geschichte auf meinem Schreibtisch und da dachte ich mir, nolens volens, bring sie doch heute einfach mal mit und teste die Kandidaten mal mit einem Fall aus der Praxis, die aber in dieser Konstellation auch nicht gerade üblich ist. Die Entscheidung hierzu habe ich bereits gefällt, verrate sie ihnen aber hic et nunc nicht, noch nicht. Die Diskussion ist eröffnet.

Ich denke, dass die Kinder in der Regel bei der Mutter immer besser aufgehoben sind.

In der Regel, immer, scheint mir nun eine nicht so besonders differenzierte Argumentation zu sein.

Tatsache ist doch, dass es eben in der Praxis doch schon so ist, dass die Kinder der Mutter zugesprochen werden.

Dem kann ich nun wiederum nicht widersprechen. Es wäre ein statistisches Argument. Aber wie sie sich vielleicht und hoffentlich noch erinnern, haben statistische Aussagen ihren Wert, treffen aber nie den Einzelfall und sind deshalb mit größter Vorsicht zu genießen. Bitte weitere Wortmeldungen!

Man müsste vielleicht, äh, vielleicht, etwas mehr vom Lebenswandel der Mutter wissen. Vom Vater haben sie ja einiges ausgeführt.

Eine zweifellos richtige und wichtige Bemerkung, Frau Schlütter. Also der Lebenswandel der Mutter ist nicht über jeden Zweifel erhaben. Sie ist wohl etwas promiskuitiv veranlagt und spricht auch gerne mal dem in diesen Breitengraden in sehr guter Qualität gebrauten Saft zu. Sie ist bei beiden Verhaltensweisen bereits mehrere Male aufgefallen. Es gibt verbürgte Zeugenaussagen. Sie wissen, ich stütze mich immer ab.

Aber die Kinder gehen mit dem Vater ins Ausland. Entfremdet man sie dann nicht der hiesigen Kultur?

Dazu ist zu sagen, dass er in ein deutschsprechendes Land, wenn man den dortigen Dialekt als deutsch verstanden haben will, zieht. Der kulturelle Unterschied ist meines Erachtens zu vernachlässigen. Ich habe das auch schriftlich so ausgeführt.

Aber gibt es nicht so etwas, wie eine Mutter-Kind-Beziehung, die als besonders stark gilt. Der Vater wird ja vermutlich im neuen Land voll arbeiten und seine Frau wird die Stiefmutter der Mädchen sein.

Auch diese Aussage entbehrt nicht einer gewissen Logik. Insbesondere was den zweiten Teil ihrer Überlegung anbelangt. Es ist tatsächlich so, dass die Mädchen die neue Frau an der Seite dieses Mannes noch kaum kennen.

Spielt es eventuell nicht auch eine Rolle, dass die leibliche Mutter zuerst mit dem Arrangement, dass die Kinder zum Vater kommen, einverstanden war und dies dann widerrufen hat. Weiss man, warum es zu diesem Sinneswandel kam?

Sie sind heute alle wirklich gut in Form. Wird langsam Zeit, dass wir zur Abschlussprüfung gelangen. Ja, in der Tat, dieser Punkt hat mich sogar intensiv beschäftigt und ich habe die Mutter dazu auch eingehend befragt. Es schien mir so, dass es vor allem auch ihre Umwelt gewesen war, die der Meinung war, dass sie auf jeden Fall ihre Kinder behalten soll. Trotz dieses Einwandes, wie ich es hier mal nennen möchte, schien es mir aber auch glaubhaft zu sein, dass sie die Kinder behalten wollte.

Dann wäre es doch eigentlich klar, dass die Mädchen bei der Mutter bleiben sollten.

Hm, nicht so schnell, lieber, junger Kollege. Es geht ja immer auch eine Abschätzung der unmittelbaren Zukunft, wie ich das hier mal nennen möchte. Darüber gibt es ja auch eine Veröffentlichung von mir. Diese habe ich ihnen im übrigen für heute auch mitgebracht. Bedienen sie sich am Ende der Veranstaltung. Wie sieht der Lebenswandel der Mutter aus bzw. welche Garantien hat sie zu bieten, um den beiden jungen Mädchen, eine stabile, sichere, ökonomisch abgesicherte Zukunft zu bieten?

Klar, aber der Vater müsste ja dann ordentlich Alimente bezahlen.

Keine Frage und er verdient ja auch nicht schlecht, an dem neuen Posten, den er nun in seinem Heimatland inne hat. Das wäre das kleinste Problem. Es geht mir vielmehr um die Stabilität der Mutter und da musste ich doch Fragezeichen setzen.

Ich habe gelesen, dass man darüber diskutiert, dass das Sorgerecht bei Scheidungskindern auf beide Eltern 50 : 50 aufgeteilt werden soll. Was halten sie davon?

Schwierige Frage, aber ich kenne natürlich diese Diskussion und sie wird intensiv in den Fach-Publikationen erörtert. Für mich war diese Frage nicht relevant. Es geht ja um eine relativ große räumliche Trennung von einigen Hundert Kilometern. Da nützt mir eine Halb-und-Halb-Teilung des Sorgerechts gar nichts. Die Eltern wohnen ja nicht um die Ecke und können sich auf die Schnelle mal austauchen. Ein interessanter, aber für mich in diesem Fall völlig unerheblicher Tatbestand. Die Zeit ist schon fortgeschritten. Machen wir doch eine Abstimmung. Wir sind hier 20 Personen. Wer dafür ist, dass die beiden Mädchen bei der Mutter bleiben sollen, soll dies mit Hand-Erheben anzeigen. A ha, es sind 14 Hände hoch gegangen. Wer der Meinung ist, dass die Mädchen dem Vater zugesprochen werden müssen, solle dies jetzt bezeugen. A ha, es sind 3 Hände hoch gegangen. Das bedeutet, dass 3 Personen sich der Stimme enthalten haben. Das ist natürlich legitim, nur wird es ihnen in ihrem späteren Berufsalltag nicht viel nützen, weil es dort diese Möglichkeit nicht geben wird. Aber trotzdem lässt sich, summa summarum sagen, dass 17 Personen nicht der Meinung sind, dass die Mädchen mit dem Vater ins benachbarte Ausland ziehen dürften. Dies obwohl er in geordneten Verhältnissen lebt und die Versorgung der Mädchen durch die Stiefmutter, immerhin Sozialarbeiterin, gewährleistet wäre.

Gut, nun spannen sie uns nicht so auf die Folter. Wie haben sie nun letztlich entschieden?

Die Kinder können mit dem Vater und seiner neuen Lebenspartnerin zusammenleben. Er müsste sich verpflichten, dass die beiden Mädchen in allen Schulferien, auf seine Kosten, ihre Mutter in Köln besuchen können. Er würde dies ohne weiteres akzeptieren. Aber, nun kommt das große ABER; ich bin nicht das Gericht und habe ihn hier heute lediglich versucht darzustellen, dass man es auch anders sehen könnte. Die Mehrheit hat nicht immer Recht. Ich denke, dass das Gericht, das ja letztendlich die Entscheidung fällt, nicht mit mir einig gehen würde. Also wären sie wohl auf dessen Seite. Aber eben, immer zweigleisig denken, liebe Kandidaten und Kandidatinnen.

Ich danke Ihnen für den heutigen Austausch und bitte Sie meine Veröffentlichung nicht zu vergessen. Wir sehen uns in einem Monat wieder, gleicher Ort, gleiche Zeit. Tschüss!

Freitag, 15. Juni 1973, 22:10

Judoschule Samurai, Sauna, nach dem Kampf-Training für Erwachsene, 2 Männer

Und biste schon zum Zug jekomme?

Logo, bei de Maria, die macht nit lange Federlesens, rein und hopp

Mir gefällt die einfach nicht so gut

Dat is mir ejal. Da sag ich immer: besser en Plaat als jar kein Hoor.

Okay, beneidenswert, aber das kann ja nicht immer so weiter gehen, diese Orgien jeweils nach dem Training

Biste dich wigger am hingersinne. Dat bringt doch nix. Ich meine immer: da künns Fraue han, keine schöne, ävver dicke.

Man kann eben nicht aus seiner Haut. Aber die Maria macht es ja mit jedem.

Die denkt sich ebe, man is nur einmal jung. Dat schad üch nix.

Das kann schon sein. Aber ich dachte, die wäre fest liiert und will sogar heiraten.

Wat soll die sin?

In festen Händen, eben

Ach su, kann schon sin, is mir aber och ejal, dat muss sie mit sich selver oder ihrem mäck abmache. Wenn dä dat tolerieren tät. Ich täte das auf jeden Fall bi minger Frau net. Dat jeht mich nix an und et interessiert mich och nicht die Bohne. Alles klar, auf der Andrea Doria?

Ist ja schon gut, meinte ja. Ich muss jetzt sowieso nach Hause.

Kriegste sonst Ärjer zu Hus?

Das geht nun wiederum dich nichts an.

Ja, ja, hän schon kapiert. Dann also bis nächsten Fridag. Sauna soll ja so jesund sin.

Hm, sehr lustig.

Freitag, 25. April 1969, 19:45

Zur bestandenen Lehrabschlussprüfung als Arzthelferinnen gratulieren wir:

Maria

Die Kandidatin hat sowohl in der theoretischen wie praktischen Prüfung mit 'gut' abgeschnitten und darf hinfort den Titel einer Arzthelferin tragen. Die Ausbildung umfasst die folgenden Lehrgebiete (Auszug aus dem Reglement für angehende Arzthelferinnen):

Medizinisches Fachwissen ist gefragt, um Notfälle zu erkennen und in der Terminplanung zu berücksichtigen. Arzthelferinnen betreuen die Patienten während der Behandlung, nehmen Blut ab, legen Infusionen, wechseln Wundverbände, geben Spritzen und sehr viel mehr. Bei Diagnosemaßnahmen wie Röntgen, EKG oder Endoskopie stehen sie der Ärztin oder dem Arzt assistierend zur Seite. Nach der Behandlung sind sie für die Reinigung, Desinfektion und Sterilisation von Geräten und Instrumenten verantwortlich.

Donnerstag, 23. März 1963, 08:30

Schulpsychologischer Dienst der Stadt Köln (Innenstadt)

Guten Tag in die Runde. Ich begrüße das Ehepaar Sanner von der Heilpädagogischen Großfamilie, den Sonderschulrektor Herrn Frings, den Sonderschullehrer Herrn Milewski, beide vom Klapperhof, mein Name ist von Lerbern, ich bin seit Anfang dieses Jahres hier Stellenleiter. Zusammengekommen sind wir auf Antrag von Herrn und Frau Sanner, die vorschlagen, dass Maria in die Regelschule um platziert. Diese Anfrage scheint mir sinnvoll zu sein. Nicht weil ich hier unserem Gespräch vorgreifen möchte, aber ich halte doch eine immer wiederkehrende Überprüfung der Unterbringung in eine Sonderschule von Zeit zu Zeit für durchaus sinnvoll. Darf ich das Ehepaar Sanner bitten, uns ihre Beweggründe für ihren Antrag zu erläutern.

Frau Sanner spricht: Maria ist seit gut einem Jahr bei uns in der Großfamilie und wir können sagen, dass sie sich erstaunlich schnell bei uns eingewöhnt hat. Ihre Ausraster haben massiv abgenommen. Wir lassen sie an der langen Leine, zeigen ihr aber immer wieder auch ihre Grenzen auf und so konnte wohl das gegenseitige Vertrauen gestärkt werden. Sie hat immer noch ihren eigenen Willen und gestaltet sich ihr Leben in einer für ihr Alter erstaunlichen Art und Weise, will sagen: Reife selber. Das erstaunt uns immer wieder.

Herr Sanner spricht: Ich möchte auch noch etwas anfügen. Wir denken auch, dass Maria in der jetzigen Klasse unterfordert ist. Unseres Erachtens ist sie ein sehr intelligentes Mädchen, wenn auch nicht immer ganz einfach im Umgang, eben weil sie immer sehr darauf bedacht, ihren eigenen Weg zu sehen, zu suchen und diesen dann auch zu gehen.

Besten Dank für ihre für mich gut nachvollziehbaren Argumente. Nun wollen wir hören, was die Schule, die Sonderschule hierzu zu sagen hat. Wem darf ich das Wort geben?

Herr Milewski und Herr Frings schauen sich an. Herr Milewski spricht: also ich sehe das auch so, Maria ist ein intelligentes Mädchen, das immer weiß, was es will. Mir hat der Vergleich mit der langen Leine gut gefallen. Aber man muss ihr immer auch wieder erklären, wie lange diese Leine ist. Die kann ja nicht immer gleich lang sein.

Frau Sanner stimmt dem zu.

Herr Frings verzieht die Mundwinkel und meint: Also muss ich hier den advocatus diaboli spielen. Ich denke nicht, dass es gut wäre, wenn Maria bereits jetzt in eine Grossklasse wechseln würde. Aus meiner Sicht zeigt sie doch einige Züge des Asperger-Syndroms und deshalb befürchte ich, dass ihre Ausfälle in einer Grossklasse wieder zunehmen würden.

Herr Sanner entgegnet: Wir haben mit ihr darüber gesprochen und sie meinte nur trocken, wenn der Unterricht nicht so babyhaft wäre, wäre das schon i. O. Alle anderen würden sie sowieso nicht interessieren. Ich glaube ihr das.

Ich auch, meint Frau Sanner.

Ich wollte hier nur meine Zweifel mit in die Diskussion einbringen.

Das haben wir schon so verstanden, meint Herr von Lerbern. Ich habe mir natürlich vorgängig die Akten angesehen, auch die Zeugnisse, die wir von ihrer Schule erhalten haben. Vielen Dank dafür. Meine Überlegung, mein Vorschlag wäre nun der folgende, dass wir dem Übertritt in die Realschule stattgeben und dass wir der dortigen Lehrperson ein Coaching zur Verfügung stellen. Dieses soll die betreffende Lehrperson coachen bzw. auf gut Deutsch zur Seite stehen, sollten im Umgang mit Maria Probleme auftauchen. Diese Idee wurde an einigen Schulen in den USA, nun aber auch in Skandinavien bereits mit gutem Erfolg, umgesetzt. Was halten sie davon?

Frings und Milewski: davon haben wir noch nie etwas gehört.

Herr Frings: dann kriegen jetzt alle unsere Schüler ein solches Coaching.

Von Lerbern: das glaube ich nicht. Aber wenn ein Schüler, eine Schülerin, die eine derartig gute, hohe Intelligenz aufweist, dann wird wohl, was die Finanzierung anbelangt, auch genehmigt.

Herr Frings: A ha, und die Dummen haben Pech gehabt.

Von Lerbern: Ich weiß nicht, ob man das so sagen kann. Die Situation ist nicht ganz einfach.

Herr Milewski: ich finde das eine sehr gute Lösung. Es geht ja um Maria.

Dann können wir festhalten, dass Maria ab dem neuen Schuljahr im April die Realschule besuchen wird. Wir werden vorgängig mit der Lehrperson ein Gespräch führen und ich bitte das Ehepaar Sanner, dort auch dabei zu sein. Dann werden wir die genaueren Modalitäten dieses Pilotprojektes bezüglich eines allfälligen Coachings der Lehrperson näher besprechen. Ich danke allen Anwesenden und wünsche Ihnen eine gute Heimfahrt.

Samstag, 23. Dezember 2017, 23:15

Heftiger und andauernder Starkregen. Es ergaben sich dadurch schwere Überschwemmungen auf den Straßen und viele vollgelaufene Keller.

Zwei freiwillige Mitarbeiterinnen der Telefon-Seelsorge Köln unterhalten sich während ihres Dienstes zwischen den beiden Büros auf dem Flur. Die Namen sind anonymisiert, so wie sie sich am Telefon nennen, wenn sie danach gefragt werden bzw. bereit sind, diesen auch zu nennen.

1953 musste der Baptistenpfarrer West ein 14-jähriges Mädchen bestatten, das Suizid begangen hatte. Davon betroffen gab er in einer Londoner Zeitung das folgende Inserat auf: «Before you commit suicide, ring me up?» Er erhielt in der Folgezeit eine Reihe von Anrufen und die Telefonseelsorge als soziale Institution begann. Die Idee, dass sich Menschen, die sich in schwierigen Lebenssituationen befinden, sich – anonym – an eine Stelle wenden können, begann ihren Siegeszug und ist heute in allen westlichen Ländern vertreten. Telefonseelsorge hebt sich von professionellen Beratungen ab und ist auch kostenlos. Das Grundprinzip der Telefonseelsorge besteht darin, dass sie ausschließlich von Laien (nach einem Einführungskurs) geleistet wird und ist banal. Es gibt eine Person, die anruft, weil sie in einer Notlage ist, sich depressiv fühlt usw. und am anderen Ende sitzt eine Person, die sich meldet und ihre Bereitschaft signalisiert, zuzuhören bzw. ein Gespräch mit der anrufenden Person zu führen. Somit ist die Zugangsschwelle zu einem Gespräch sehr niederschwellig. Man kann 365 Tage zu 24 Stunden pro Tag anrufen. Man muss keinen Termin buchen und man kann von überall her anrufen, es ist immer jemand da. Seit 2017 bieten quasi alle Stellen der Telefonseelsorge auch einen Mail- bzw. Chat-Dienst an.

Hi Bobby, wie geht's, wie steht's?

Tach, Freischütz, et muss, nicht so viel los hück. Hatte jerade vorhin die Frau O-Goshi am Draht.

Bobby: Ach, dat ale Wiev, wieder einmal. Viel sagt ja jeweils net.

Freischütz: Etwas Respekt, Bobby. Ich mag die alte Dame, auch wenn sie nie viel sagt. Man kann sich auch etwas entspannen und zurücklehnen. Das rechne ich ihr hoch an.

War ja net so jemeint, aber sie sagt ja selver, dat et mit ihr zu End jeht. Wat sagt man dann am besten? Sie han rächt, oder sagen sie doch so jet net, wenn man doch auch dat Jefühl hat, dat et so is. Wat kann man da scho jruess schwade. Wat säst du dann, wenn sie wieder mal von ihrem Ende spricht?

Ja, du hast schon Recht. Es ist eine Beziehungsfalle, hatten wir doch letztens in der Supervision. Eine sogenannte double-bind-situation, you understand?

Ich verstohn janz jut, wat dä menst? Ich sage dann: Hm, wenn de menst. Sie sagt dann: mein Leben ist vorbei und ich bin gar nicht traurig deswegen.

Ja, sie nimmt das irgendwie ganz gelassen hin. Hat man selten bei uns. Ich bewundere das an ihr.

Na, na, ich wess et net. Könnte ja auch jespillt sin. Sie macht sich und uns jet für.

Und wenn es so ist, wem schadet das? Ist doch eine gelungene Form, sich mit dem eigenen Tod zu beschäftigen. Ich hoffe, ich kann das auch einmal. Das ging mir schon mehrmals durch den Kopf, wenn ich sie am Draht hatte.

Schön, schön, also kommt jetzt wieder di Sick, dat och wir profitiere täte, von unserer Klientel. Dat is doch schön. So nach dem Motto: Ne Marie, is dat he schön oder so. Also ich wess es net. Ich denke nie an meinen eeje Dud. Et küt, wie et küt.

Wer es glaubt, wird selig. Jeder hat doch auch schon mal an seinen eigenen Tod gedacht. Für jeden schlägt ja einmal das letzte Stündlein. Zum Glück weiß man nicht wann.

Ever sischer dat, aber et interessiert mich net. O-Goshi is alt, sie hat mir jerade letztens jesagt, dass sie sich sehr, sehr alt fühle tät. Dat hat sie dann noch zirka 4 Mal zum Beste jejeve. Da brucht man dann nix meh zu schwade. Is im Jrunde alles jesagt. Ich kann nur für misch sage, dat mir dä ständije Verzell vom Tud langsam aber sischer ob dä Wecker jeht. Sie könnte ja och mal än angere Plat obleje. Ich han dann dat och versucht. Ich han ihr Vorschläge jemacht, z. B. über die Natur, oder die Tierwelt oder jet angeres zu schwade. Evver da hät se ken Musikjehör.

Und?

Erjebnislos. Ich wollte, dat sie mal etwas aus ihrem Läve verzelle tut. Ken Schangs. Et dreht sich immer um ihr Abläve. Ich saje dir, die hat total die Angst for ihrem Tud. Nischt mehr, aber och nix wenjer. Dat is min menung.

Ja, das kann schon sein. Ich lasse sie dabei, weil ich auch das Gefühl hatte, dass sie nur ein Vis-à-vis benötigt, um nicht so mit ihrem Ende allein zu sein. Das stelle ich mir schon auch furchtbar vor. Ich habe wirklich Mitleid mit ihr.

Oh, wo blivt ding Professionalität, lev Freischütz?

Ja, ist ja gut Bobby, keine Angst, ich bleibe schon sachlich und befolge die Regeln der Leitung.

Bin gespannt, wann man sie bejrave tät. Wir können ihr ja dann en Boom pflanze. Evver mer müsstet es och wisse. Aber uns sagt ja niemand nix.

Das finde ich schön von dir, dass du das sagst. Aber werden wir es wissen. Ich glaube nämlich auch nicht. Sie wird so gehen, wie sie einmal gekommen ist.

He, Freischütz, du musst dinge Name ändere, du bist eine Philosophin.

Nein, Nein, Freischütz ist schon okay. Mir gefällt einfach die Musik in dieser Oper. Das ist alles. Weißt du eigentlich, was O-Goshi bedeutet.

Ken Ahnung. Es muss wohl mit etwas aus ihrer Jugend zu tun han. Sie hat einmal so etwas anjedeutet. Ist wohl chinesisch oder japanisch oder so jet. Sie hat mir de Nam buchstabiert und so heißt jetzt eve ä su.

Es macht mich immer traurig, wenn sie wieder einmal angerufen hat.

Aber sischer dat. Wenn O-Goshi nicht mehr anruft, is se tud. O et klinjelt in minge Büro. Der Dienst ruft. Vielleicht ist sie das schon wieder.

Aber sie ruft doch nie zweimal hintereinander an.

Ciao!

Mittwoch, 3. Mai 1957, 08:49

Telefonat Schulpsychologischer Dienst, Herr Frings mit der Leiterin des Montessori-Kindergartens, Frau Sack

HAWICK = Hamburg-Wechsler-Intelligenz-Test für Kinder (6–16 Jahre)

Raven-Matrizen = Ravens Progressive Matrizen (auch bekannt als Ravens Matrizentest) sind sprachfreie Multiple-Choice-Intelligenztests. Sie erfassen die kognitiven Fähigkeiten einer Person und wurden ursprünglich 1936 von John C. Raven entwickelt. Bei den einzelnen Testaufgaben geht es darum, ein vorhandenes Muster zu verstehen und das darin fehlende Teil aus einer Reihe möglicher Teile richtig auszuwählen. (Quelle: Wikipedia)

Juten Tag, Frau Sack, wie jeht et, wie steht et?

Guten Tag, Herr Frings, Danke, kann nicht klagen. Sie rufen an, um uns wegen Maria Bescheid zu sagen.

Ja, natürlich, das Mädsche war ja hier gewesen und wir haben sie getestet. Wir haben den Test für Geistigbehinderte macht und das kann nun definitiv usjeschlosse werden. Also geistig behindert ist das Kind nicht. Wir haben dann den HAWIK versucht zu machen, aber das hat sie mehr oder weniger verweigert und so sind die Ergebnisse nicht aussagekräftig. Wir sind dann noch mit den Raven-Matrizen an sie herangegangen und da hat sie, erstaunlicherweise, gut mitgearbeitet und zeigte eine gute, leicht überdurchschnittliche Intelligenz. Aber das ist ja nicht das Problem bei dem Kind. Beim Spielen mit den Puppen, zeigte sie gar kein Interesse und die Klötze, um festzustellen, ob sie einen Turm bauen kann, hat sie an die Wand jedeppert. Da kam dann noch die Kollegin vom Nebenraum und fragte, was da los sei, und dann…

Ja, uns interessiert natürlich das Ergebnis, zu welcher Empfehlung sie gekommen sind?

Ich verstehe, klar. Wir empfehlen, dass das Kind im Klapperhof, kennen sie diese Schule, eingeschult wird. Das ist die Schule für Erziehungsschwierige, direkt am Friesenplatz. Die haben einen ganz tollen Leiter und ich verspreche mir viel davon und glaube, dass die das Kind auf einen guten Weg bringen können, werden. Glaube ich zumindest.

Ich kenne die Schule nicht, nur dem Namen nach, aber ich denke, dass das eine gute Lösung ist. Es ist wirklich nicht immer einfach mit Maria. Besonders wenn sie ihre schlechten Tage hat, dann schlägt und beisst sie, insbesondere die schwächeren Kinder. Aber auch von den größeren macht sie keinen Halt und greift diese an, auch wenn sie gegen die keine Chance hat. Wir können sie dann kaum bändigen und wir müssen ja die anderen Kinder schützen und es haben sich auch schon andere Eltern beschwert. Es ist wirklich eine Belastung für uns und für das arme Mädchen. Wissen denn die Pflegeeltern schon Bescheid?

Nein, ich denke, dass das ihre Aufgabe sein wird, ihnen dies mitzuteilen. Erwarten sie da Probleme.

Ich glaube nicht. Ich werde ihre Empfehlung auf jeden Fall der Gruppenleiterin, Frau Markovic, mitteilen, die führt ja dann das Elterngespräch, das Pflegeelterngespräch, meine ich.

Schon klar. Dann sind sie also damit einverstanden, dass ich der Schule Meldung erstatte, dass sie die kleine Maria auf das kommende Schuljahr hin, erhalten und die werden sich dann wiederum bei ihnen melden und so nimmt alles seinen juten Jang. Dann wünsche ich ihnen noch jet und verabschiede mich.

Ä ja, vielen Dank und auf Wiederhören, Herr Frings.

Donnerstag, 17. Februar 1977, 21 59

In der Wirtschaft 'op dä Eck'

He, wo is denn die Maria? Han ich schon lange nit me jesehn.

Die hanse rusjeschmisse.

Ja, warum dat dann?

Die hät lang Finger jemaht.

Oh, dat hän ich nit jewusst. Läck mich in de Täsch. Wann denn, wieviel denn, warum denn?

Du stellst Fragen.

Sie hat einfach geklaut, sich etwas aus der Kasse geborgt.

A, so sagt man dem heute.

Und da machen die so'nen jedöns. Musste dat denn sin. War doch en lecker Mädsche.

Schon, aber klauen jeht jar nit. Da versteht kene Wirt en Spaß.

Claro

Ich han zwei Ärm för ze arbeide. Zom Jlöck äver och zwei Bein för d'r Arbeit us dem Wääch ze jon.

Trotzdem schade, irgendwie mochte sich sie.

Wissen wir alle, so wie du ihr immer auf ihre Möpse geschielt hast.

Pass ob, wat de sagst. Sonst mache ich och mal lange Finger, aber nit in die Kass, sondern an deinen Ohren.

He, he, ruhig Blut, Jongens, die Maria hät dat jetan und so musste sie eben jon. Das ist dat natürlichste ob de Welt. Fringse jeht jar nit. So is dat Läbe ebe.

Hm, sehe ich auch so.

Trotzdem hätte man nicht...

Ne, hätte man nicht, bei aller Liebe nicht.

Isch han disch jän.

Jut, dann trinke mer eine ob de Maria und dat es ihr en Lehr is.

Trinke drauf tue ich, aber an die Lehr glöve ich nit.

Ejal, sie wusste was sie tat.

Aber vielleicht hatte sie kein Jeld mehr.

Hättste ihr ja wat leihen können, du Tünnes.

Jeck, han ja selver nix.

Okay, schade drum, gibt wieder eine neue Maria. Wo is se denn nu abjeblieve?

Dat weiss ich nicht, weiß keiner. Sie ist verschwunden. Aisha ersetzt sie.

Hä, Aisha, wer is dat dann?

Eine Türkin.

Ja, ever he jebore.

Spielt ken Rol, wenn nur das Kölsch Kölsch blieve tut.

Jenau.

Janz jenau.

Mittwoch, 30. Juli 1986, 07:45

Drückerkolonne in Düsseldorf

Drücker sind Leute, die von Tür zu Tür gehen, um ein Produkt zu verkaufen. In der Regel handelt es sich hierbei um Jahresabonnements von Zeitschrift. Der Begriff 'Drücker' kommt nun nicht, wie häufig angenommen wird vom ständigen Drücken der Türklinken, sondern er ist psychologisch angelegt und bedeutet, dass der Kunde so gedrückt werden soll, ohne dass dieser etwas merkt, dass er das in Frage kommende Produkt kaufen soll. Eine zusätzliche Variante stellt im Drückergewerbe die Werbung neuer Arbeitskräfte mittels Zeitungsinserate dar, die wahrlich das Blaue vom Himmel in Form von Direktorengehältern versprechen. Eine Bemerkung, die ebenfalls oft in diesen Inseraten auftauchen kann, ist der Hinweis, dass bei persönlichen Schwierigkeiten geholfen würde. Dieses Angebot entbehrt nicht einem gehörigen Schuss Ironie, werden den Drückern doch i. d. R. der Personalausweis sowie ihr Hab und Gut abgenommen und sie unter einen starken Leistungsdruck gestellt. Körperliche Züchtigungen sind in diesem 'Gewerbe' nicht selten, obwohl der neueste Trend wohl dahin zu gehen scheint, großzügige Prämien auszusetzen bzw. die Leute von Psychologen schulen zu lassen, damit sie noch mehr Abonnemente an den Mann bzw. die Frau zu bringen im Stande sind. Möglich ist auch eine Vermittlung neuer Arbeitskräfte in einschlägigen Lokalen, in denen sich Mittel- und Obdachlose aufhalten. Diese Lokale werden von den Unternehmern der erwähnten Branchen (auch Sub-Unternehmer, Kirmesbetreiber etc.) aufgesucht.

Nicht selten, dass sie dann die Leute einen Abend lang freihalten, was wohl eher als Investitionskosten, denn als Gemütlichkeit verstanden werden muss. Die Loslösung aus dem Druckergewerbe erscheint außerordentlich schwierig, da, mit unterschiedlichen Mitteln, sehr stark auf den Gruppenzusammenhalt in einer Kolonne geachtet wird. So bleibt denn den Drückern und Drückerinnen, ist ihnen die Arbeit zu hart geworden oder vermögen sie nicht mehr die geforderte Anzahl an Scheinen zu erbringen, nur die Flucht in eine andere Stadt. Dass sie, dort angekommen, nun erst recht mittel- und obdachlos sind, erscheint einsichtig.

So eine Scheiße, die Alte hätte ich fast gehabt, sie war kurz davor zu unterschreiben. Aber dann kam ihr Alter und hat mich davongejagt.

Ja, habe ich auch schon erlebt. Bei mir läuft heute gar nix. Noch keinen Schein. Das gibt wieder Senge heute Abend. Ich hasse diesen Typen, den sie uns da vor die Nase gesetzt haben. Der Blitz soll ihn beim Scheißen treffen.

Verstehe, ich habe heute schon zwei Scheine gemacht. Lange halte ich das sowieso nicht mehr aus. Mir reichts langsam. Was anderes: Weißt du, warum die Maria immer die meisten Scheine hat?

Ja weiß ich. Ist im Grunde auch kein Wunder.

Hm, verstehe ich nicht. Wie macht sie das denn.

Du hast wieder einmal keine Ahnung, was. Sie bläst.

Was macht sie?

Sie bläst den alten Knacker eins. Wenn eine Frau an der Tür ist, fragt sie kurz und wenn sie merkt, da läuft gar nichts, geht sie gleich weiter an die nächste Tür. Da kennt die nix.

Wenn dann ein alter Opi an der Tür ist, checkt sie die Lage, zeigt etwas Titte und dann nix wie rein und das Geschäftliche regeln. Ein Schein, ein Abo und dann an die Hose. So macht die das. Ich könnt das nicht.

Aber die benimmt sich ja dann, wie eine Nutte.

Könnte man so sagen. Aber der Boss weiß das ja und lässt sich selber von ihr bedienen.

Is nicht wahr.

Und ob, da kannste einen drauf lassen.

Das macht die so, ohne mit der Wimper zu zucken.

Das weiß ich nicht, ob die Wimpern zucken, ich war noch nie dabei.

Ja, du weißt schon, was ich meine. Also, die macht das in echt.

Nur in echt, gibt Scheine, mein Herz'chen. Und jetzt biste am überlegen, ob du das mal nicht auch so tun sollst?

Nein, nein, das könnte ich nicht. Mein Oli, das ist mein Freund, ich habe dir schon von ihm erzählt, der will das auch immer, also das ich ihm das mit dem Mund mache, aber ich kann das nicht, es ekelt mich zu sehr. Das Ding da in den Mund nehmen, also ich weiß nicht. Ich habe es einmal versucht, aber gleich wieder gelassen. Oli war dann tagelang sauer auf mich. Untenrum ist es mir ja egal, aber in den Mund, nein, das glaube ich einfach nicht und die macht das dann einfach so.

Nun beruhig dich mal wieder. Es geht hier um die Scheine oder, wenn wir zu wenige haben, gibt's Casallas, Schimpfe und sogar auch noch Prügel. Da macht man sich dann schon so seine Gedanken.

Ja, aber würdste du das denn tun?

Eigentlich nicht, aber ich hatte schon sone Gedanken, was ist schon dabei, aber schön finde ich es auch nicht. Ab und zu mache ich es auch, aber nur, wenn mir der Typ sympathisch ist und die Atmosphäre stimmt, aber so, einfach nur um mehr Scheine abliefern zu können. So weit würde ich noch nicht gehen. Ich denke eher, dass ich abhauen werde. Wenn wir in Köln sind, gehe ich zum Sozialamt für Nichtsesshafte in der Annostraße und mache eine Fliege. Diese Sauerei hier in der Drückerkolonne halte ich nicht aus.

Aber sie haben uns doch den PA weggenommen.

Dann kriege ich in Köln eben einen neuen. Das ist nicht das Problem. Wäre nicht der Erste. Kommst du mit.

Hm, muss ich mir überlegen. Aber langsam habe ich auch die Schnauze voll. Eine mühselige Arbeit, da gehe ich doch lieber wieder putzen. Die DB suchen immer Leute, die die Wagen putzen. Auch nicht angenehm, aber sie zahlen anständig. Mal sehen, vielleicht haben wir in der nächsten Straße mehr Glück.

Die Hoffnung stirbt zuletzt. Also dann ran an die Klingeln.

Na gut.

Donnerstag, 20. August 1953, 14:22

An der Nordseeküste der Niederlande ereignete sich eine der größten bisher festgestellten Sturmfluten.

Jugendamt Köln, Stadtverwaltung, Frau Schmitz, sie trägt heute einen amerikanischen Plissee-Rock sowie eine uni-farbene Bluse, Strümpfe mit Naht, auch ihre Frisur ist neu mit Dauerwelle, leicht getönt.

Ich begrüße Sie zu unserem Gespräch. Frau Klingenbiel, die Pflegemutter der kleinen Maria, hat sich in ihrer Verzweiflung, wie ich das hier einmal nennen möchte, an uns gewandt und um ein direktes Gespräch gebeten, weil sie nicht mehr kann. So kann man es sagen, oder Frau Klingenbiel. Herr Kowalski von der Rechtsabteilung ist auch zugegen. Vielen Dank, dass sie ihr Kommen so schnell ermöglichen konnten. Das ist ja nicht ganz selbstverständlich.

Herr Kowalski nickt.

Also, Frau Klingenbiel, dann möchte ich sie doch jetzt hier und heute bitten, uns ihre Situation zu schildern, die ja doch mehr nach einem Notfall aussieht, wenn ich das richtig gedeutet habe. Herr Klingenbiel konnte ja leider nicht erscheinen. Ich wünsche ihm aber von dieser Stelle aus alles Gute. Bitte Frau Klinenbiel.

Ja, danke, vielen Dank, dass ich so schnell kommen konnte, weil es geht wirklich nicht mehr, wir haben uns solch große Mühe gegeben, aber jetzt, wo mein Mann ärztlich versorgt werden muss, also, ich kann einfach nicht mehr, es tut mir wirklich leid.

Danke, Frau Klingenbiel. Ich darf dann mal zusammenfassen. Also ihr Mann ist leider schwer erkrankt, warum, wieso, tut hier nichts zur Sache. Aber es bedeutet ja wohl, dass sie dann oft mit der kleinen Maria alleine sind und das ist wohl nicht immer ganz einfach für sie. Verstehe ich das so korrekt?

Ja, ja, genauso. Die Marie schreit ja immer noch sehr viel und es hat sich einfach so gezeigt, dass nur mein Mann sie so richtig trösten und beruhigen kann. Mir gelingt das einfach nicht und das hat mich wirklich schon, das können sie mir glauben, zur Weißglut gebracht. Warum gelingt mir das nicht, ich verstehe das einfach nicht, ich habe alles Mögliche versucht, aber nix hat geholfen. Warum denn nur, ich versteh's einfach nicht. Ich habe auch gedacht, dass...

Gut, Frau Klingenbiel, wir haben ihre Situation, so kann wohl sagen, Herr Kowalski, gut verstanden und sehen, dass sie nun, da sie ja auch noch zu ihrem Mann gucken müssen, wenn man es so sehen kann oder sogar muss, mit der kleinen Maria, wir wollen sie doch auch weiterhin mit ihrem richtigen Namen, nämlich Maria, nennen, überfordert sind.

Herr Kowalski nickt.

Aber ich wollte das doch gar nicht so, der Rudi hat nie so lange geschrien und ich konnte ihn in Sekundenschnelle jeweils ruhig bekommen.

Gut, Frau Klingenbiel, aber das hilft uns nun und vor allem der Maria, auch nicht weiter. Ich schlage deshalb vor, dass wir die Pflegschaft per sofort aufheben und Maria wieder an den Niehler Damm verlegt wird. Ich habe da auch schon angerufen. Schwester Rachel ist da bereits vorbereitet und es ist auch noch ein Kind da, der Name ist mir jetzt gerade nicht geläufig, das Maria von ihrem ersten Kontakt dort, vielleicht sogar noch kennt, erkennt. Man weiß ja nie so genau, was in diesen kleinen Menschen so vor sich geht, oder auch nicht. Frau Klingenbiel, ich muss sie das fragen, sind sie damit einverstanden?

Ja, ich wollte es so wirklich n...

Gut, dann hätten wir das. Schaut zu Herrn Kowalski.

Herr Kowalski nickt.

Dann bleibt mir nur noch übrig, Frau Klingenbiel, ihnen für ihre Mühe und ihren Aufwand im Namen der Stadt Köln zu danken und ihrem Mann eine baldige Genesung zu wünschen.

Samstag, 10. Juni 1972, 15:43

In diesem Jahr wurden in Niedersachsen bei Windgeschwindigkeiten von über 200 km/h weite Gebiete innert zweien Stunden quasi völlig entwaldet. Es gab schwere Verwüstungen, der Sachschaden war enorm.

Im Judo werden drei Haupt-Trainingsformen unterschieden:

- Kata. Hierunter versteht man das Einüben traditionell vorgegebener, normierter Bewegungsabfolgen. Beim Ablegen der höheren Gürtelprüfungen (schwarze Gürtel) müssen Kata vorgezeigt, demonstriert werden.
- Randori. Hierunter versteht man Trainingskämpfe mit ständig wechselnden Partnern und Pantnerinnen. Hierbei werden keine Kampfrichter eingesetzt. Das Kampfergebnis spielt beim Randori keine Rolle.
- Shiai. Hierunter versteht man den offiziellen Kampf anlässlich eines Turniers. Dies kann im Training sein, auf Kreis- oder olympischer Ebene.

Judo-Lehrgang für Jugendliche in Aachen, ein Schrei

Was ist passiert?

Da liegt jemand. Wer ist es?

Ich glaube, es ist Maria aus Köln.

Maria, die starke da, aus dem Landeskader?

Ja, die

Was hat sie denn?

Weiss ich nicht, aber der Sensei hat gemeint, wir sollten uns da in die andere Ecke der Matte verziehen.

Okay, machen wir doch.

Der Krankenwagen ist unterwegs. Wurde aber auch langsam Zeit.

Es ist Samstagnachmittag.

Ein Grund mehr, dass er schneller kommt. Das glaube ich ja einfach nicht, dass der so lange braucht.

Ob das Training jetzt abgebrochen wird?

Glaube ich nicht. Wir werden's gleich erfahren.

Ui, sieht schlimm aus.

Hast du etwas sehen können.

Ja, ich stand direkt daneben, beim Randori mit Kim.

Und?

Der Fuß war völlig verdreht, echt gruselig.

Ja, das gibt dann wohl eine längere Pause für Maria.

Freust du dich deswegen, weil du dann ihren Platz im Landes-Kader einnehmen kannst.

Freuen kann man nicht sagen, aber man kann sich ja so seine Gedanken machen.

Finde ich echt fies, was du da von dir gibst. Dabei hast du noch nie gegen sie gewonnen.

Und, was machts, wenn sie verletzt ist, ist sie ja keine Gegnerin mehr für mich.

Finde ich abartig, deine Haltung.

Und würdest du selber auf den Platz im Kader verzichten, an meiner Stelle?

Das nun gerade nicht, aber trotzdem.

Gut, dann wäre das ja geklärt. Ruhe, hört mal, der Wolfgang will eine Rede halten.

Also Mädels, die Maria hat, so scheint es, nach Aussage des Notarztes, dass sie sie sich das obere Sprunggelenk gebrochen hat. Wir wünschen ihr alles Gute. Wir machen eine halbe Stunde Pause und dann geht es mit Boden-Technik weiter.

Donnerstag, 4. April 1974; 10 30

Standesamt der Stadt Köln, Gülichplatz

Ilse und Moritz Sanner, die dritten Pflegeeltern von der Heilädagogischen Großfamilie, heute als Trauzeugen

Also ich freue mich riesig für dat Mariellchen, dat et hück hierrode tät. Dat is doch schön, und wir dürfen dabe sin.

Is ja jut, Ilse. Vermutlich hat sie sonst niemanden jefunde. Aber schön, dass sie jetzt diesen Schweizer gefunden hät, scheint ja äne anständje Kerl zu sin.

Da bin ich mir aber janz sicher. Der is schwer in Ordnung; sind die Schwizer doch all.

Sind och nur Minsche.

Is ja klar, Moritz. Aber ich freue mich eben für die Maria. Sie hät et ja nie licht jehat und jetzt is sie am hierrode. Ne, wat is dat schön, ene Besuch im Standesamt im Rathaus. Einfach unjlaublich!

Du bis ja janz us em hüsje. Hoffentlich hast net en Hez-Barrack bei de Zeremonie.

Ach Moritz, lass et jut sin. Ever freue tät mä sich doch noch dürfe.

Sischer dat.

Na, dann man los, söns kume mer noch zu spät.

Freitag, 8. April 1966, 11:45

Der Abschluss der Realschule bildet die Mittlere Reife. Dies ist als ein mittlerer Schulabschluss zu werten und kann zwischen einem Hauptschulabschluss und einem Abitur positioniert werden.

Köln-Ostheim, Realschule, letzter Schultag

He, du Tünnes, mer sin fädig mit de Schull. Ipp, ipp, Hurra!

Ja, finde ich auch doll

War ne beschissene Zigg

Dat sehe ich nit so. War doch auch lustig

Lustig is jot, du bist lustig, mit inger ewigen Zipfelmötz

Wat häste jejen Zipfelmötz. Häste immer warm Ohre

Und wat mähste nun?

Ich werde zu mingem Onkel jonn, auf en Bauernhof in de Eifel

Du packst also ding Püngel und jehst zu den Bure

Jenau

Und Du?

Wees ich noch nit

Dat is ever net vill

Mir doch ejal, vielleicht jon ich in de Schweiz, in ein Internat und mache das internationale Abi

Oh, wie fürnehm

Ich han schon än Lehrstell als Schlosser

Du warst ja im Werke schon immer jut jewese

Was macht eijentlich die Maria?

Ich glaube, die wollte Arzthelferin mache

Dä ärm Lück picksen, muss wohl auch sin

Is doch än anständisch Beruf, zum Doktor muss ja jeder ab und zu mal

Han ich och nix dajeje geschwad

Wo ist die Maria denn abjeblieve?

Knutscht wahrscheinlich in irgendeiner Eck herum

Wat du immer von ihr denke tust

Die Wahrscheinlichkeit ist hoch, wie der Lehrer Halsabschneider jeweils gesagt hat, wenn du eine Antwort jejeve häs

Dä Lehrer es esu schäl, dat ihm de Träne de Rögge erablaufe täte.

Nun wird nicht gleich pampisch, vermutlich biste nur neidisch, weil du nie bei ihr an die Buletten durftest

Du häs es jerade nüdisch, bei dir weiss ja man ja nicht, ob vielleicht nicht än Määl auf dein Interesse stossen tät

Dat wiederum jeht dich ja nix an, kapiert!

Beruhig dich, aber ich jeve jern zu, dass ich bei der Maria mal janz jern an dä Wäsch jejange wär. Aber wat nich is, kann ja noch wärde

Auch mit der Hoffnung lässt sich wichsen

Oh, jetzt aber Butter bei die Fische, wie meine Oma jeweils sagte

Ich glaube, ich hole mir noch ein Bier vom Pittermännche, echt lecker

Ich stehe eher auf Wein, aber den jt et he nit, verdammter Driss

Keine Sorje, wir mache hük Abend noch einen druff

Biste dabe

Klaro, wir sind ja jetzt in der Mittleren Reife, also schon ein bisschen jereift, aber noch nicht janz

Freitag, 17. November 1989, 10:00

Putzkolonne 'Fründe vom Dom'

Ihr Motto: Echte Fründe ston zesamme, eß och ding Jlöck op Jöck un läuf dir fott. Fründe, Fründe, Fründe en der Nut, jon'er hundert, hundert op e Lut. Echte Fründe ston zesamme, su wie ene Jott un Pott.

(Höhner in „Echte Fründe")

Und, hast du schon die Neue gesehen. Meint wohl, sie wäre jet Besseres. Ist sich zu schade, mit dem Eimer durch die Kirch zu laufen.

Ja, das Gefühl kenne ich, ging mir erst auch so. Ich frage mich, wie die überhaupt bei uns gelandet ist. Religiös scheint sie ja wohl nicht zu sein.

Nein, das glaube ich nun wirklich auch nicht. So wie die schon aussieht.

Dem Dreck ist es egal, wie jemand aussieht.

Das stimmt wohl.

Machst du die linke Seite, mache ich die rechte.

Gut, wechseln wir mal ab.

Der Mensch braucht an und ab mal etwas Veränderung.

Witzbold. Aber sag mal, ich habe gehört, dass sie eine besondere Verbindung zum Dom hat. Weißt du etwa was damit gemeint ist. Ich habe keine Ahnung.

Ich habe da von der Eli etwas läuten gehört, die ist ja immer auf dem neuesten Stand und hat einen direkten Draht zu jemandem vom Erzbistum. Dieser ist besonders für den Dicken Pitter zuständig oder so.

Ja, was denn nun. Spuk es schon aus.

Also, es geht da so ein Gerücht, dass diese Neue, sie heißt ja Maria, warum auch immer, passt aber zu dem Dom hier, soll hier geboren worden sein.

Nein, was du nicht sagst, das glaube ich nicht. Hier geboren, ja wie denn, wann denn? Das ist ja voll der Hammer.

Ja, fand ich auch, aber ob sie genau hier geboren wurde, das weiß man nicht, aber abgelegt worden ist sie hier. Also hat irgendeine Frau ein Baby gekriegt, wusste nicht, wohin damit und hat es vor die Eingangstür am Domkloster gelegt.

Is nicht wahr.

Doch, das war wohl schon so. Irgendjemand hat sie dann gefunden und an den Niehler Damm in das Heim gebracht. Mehr weiß ich nun allerdings auch nicht.

Und die Mutter konnte man nie ausfindig machen.

Soviel ich weiß: nicht.

Ja, das ist ja ein Ding. Da hätte ich dann – irgendwie – auch eine besondere Beziehung zu dem Gemäuer hier. Heute gäbe es ja die Babyklappe beim Amsterdamer Krankenhaus, aber damals; wann war das denn?

So um 1951 rum

Also ist sie auch schon 38, hätte sie für junger eingeschätzt.

Das hängt wohl auch damit zusammen, dass sie etwas klein ausgefallen ist.

Kann schon sein. Aber ich glaube, wir müssen nun etwas voran machen, sonst kommt der Big Boss und meldet seine Unzufriedenheit an und das vertrage ich nun gar nicht.

Du nimmst den zu ernst. Dieser Bibo kann mich mal, soll er doch selber einen Lappen in die Hand nehmen. Ich bin aber mal gespannt, wie sich das mit dieser Maria hier weiter entwickelt. Spannende Geschichte, auf jeden Fall, finde ich.

Ja, schon, aber wenn nicht mal weiß, wer seine Eltern sind, das finde ich das schlimme an ihrer Geschichte. Das läuft einem doch ein Leben lang nach, diese ständige Frage nach der Herkunft. Mich würde das voll triggern. Du weißt nicht wo die herkommst und vielleicht weißt du dann ja auch nicht, wer du bist. Irgendwie schrecklich. Findest du nicht auch?

Also ich mich an die linke Reihe und du die rechte, oder wie haben wir das vorhin abgesprochen?

Ja, ich hab schon verstanden. Okay.

Dienstag, 23. Dezember 2008

Schwere Stürme in Mitteleuropa

Zwei nichtsesshaft lebende Menschen beim Rievkooche Charly

Rezept für Rievkooche: Zutaten (für 4 Personen)

1 Kilo Kartoffeln
2 Eier
2 EL Mehl (alternativ Haferflocken)
1 Zwiebel
Öl
ev. Petersilie oder Lauch

Zubereitung

Geschälte Kartoffeln in ein Sieb reiben, etwa 15 Minuten stehen lassen und Wasser in eine Schüssel abtropfen lassen. Wasser abschütten und Kartoffelmasse zu dem abgesetzten Stärkemehl geben. Eier, Salz, Mehl (oder Haferflocken) untermischen. Geriebene Zwiebeln und gehackte Petersilie/Lauch dazugeben und verrühren.

In heißem Fett kleine Küchlein knusprig braun braten. Anschließend auf Küchenkrepp abtropfen lassen. Oft wird zu den Rievkooche, auf Hochdeutsch Reibekuchen oder auch Kartoffelpuffer genannt, frisches Apfelmus oder Rübensirup gereicht. Auch andere Beilagen erweisen sich als wohlschmeckend: geräucherter Lachs oder frische Waldpilze.

Janz schön cald, hük

Dat kannste laut sagen

Han dich ja lang nime jesehn, wo biste denn abjeblieve

War bei den Heilsarmisten, beim Kobusch,

so weit unten, warste

ja, ich brauchte mal wieder ein paar Tabletten und einen Zahnarzt

kenn ich, so kanns john, wat willste mache

eben, zum Kobusch jon

ich han jehört, dat die Maria auch im Heim is, zur Zeit

ja, der jeht et schon lang nimme jut, die hat Raucherbeine

kein Wunder, bei dem Qualm, den die immer mache tät, die hatte ja auch schon schwarze Zehen und Schmerzen, hat sie schon lange, ich han ihr jesagt, lass dat mit de Qualmerei

und hat se?

Kannste verjässe, ken Chance, die macht einfach so wiger, als ob nix wär, kann man nix machen

Ja, der Mensch

Wat is damit?

Der Mensch is ä su. Man kann ihn nicht ändern. Conditio humana, verstejste?

Ne, nur Bahnhof, du abgebrochener ewiger Studiosus

Will sagen, der Mensch ist ein Jewohnheitstier.

Mit Betonung auf Tier, meinste wohl.

Das auch, stimmt. Aber bei der Maria kann es nur noch schlimmer kommen. Jede Wette.

Wetten kanste nicht, weil dä ken Jeld hast. Aber ich versteh schon, wat dä meinst.

Trinken tut sie jet weniger. Sie hat da so eine Telefon-Nummer von einem von der AA. Den kann sie anrufen, wenn es sie wieder einmal zwickt und beißt, will sagen, wenn ihr der Alk im Nacken sitzt.

Bei dir sitzt ja dort der Schalk

Oh, jetzt wirst noch poetisch. Wer hätte dat jedacht?

Wie lange bleibt sie denn dort.

Dat weiß ich nicht und es mir, gelinde gesagt, auch egal.

A ha, unter der Linde, meinste.

Oh, Hochwürden belieben zu Scherzen. Charly, bitte noch ein Kölsch, von einem Kurzen begleitet, damit es sich nicht so alleine fühlt. Danke ergebenst, mein Lieber.

Auf Ex und Hopp, damit Tralala küt.

Et küt, der kölsche Orgasmus. Immer wieder für ein Amüsemong jut.

Apropos, wär schon jut, wenn die Maria wieder einmal auftauchen würde. Sie reibt so gut.

O ho, hat sich dat auch schon bis zu dir durchgesprochen. Ich dachte, du wärest ein Eunuche.

Manchmal schon, manchmal weniger. Du weißt ja: conditio humana. Aber an und ab kann man es eben schon vertragen und da kommt man natürlich auf die Meisterin ihres Faches und landet über kurz, dann lang, beim Marielchen mit den geschickten Fingern.

Ein wahres Wort, Kommilitone.

Eben und deswegen vermissen wir sie ja so sehr. Sie wird schon wieder auftauchen, aufrauchen oder irgend so etwas.

So, ich muss dann mal. Bis die Tage, machet jut

Wenn ich nur wüsste, wat ich da immer jut machen muss.

Freitag, 25. Juli 1974, 11:07

Im Schwesternzimmer des Krankenhauses in Köln-Kalk, Dienstübergabe

Dat Maria, du west, wenn ich mein, dä jong Frau in Zimmer 5, hat en kleen Mädsche bekumme.

Und wie lief et?

No problemo, ging alles janz jlatt. Sie hat sich mächtig gefreut und jeweint. Ihr Mann kam etwas zu spät, er durfte ja nicht dabei sein. Man hät ihm jesagt, dat dat noch jet dauert. Er kam zwar viel zu früh, war aber trotzdem zu spät. Aber dat mäht nix. Er wird sin Tochter schon noch kennenlerne.

Dat könne se auch mal ändere. Dä Mannslück jehöre enfach dabei. Was soll dat denn. Die sind ja mitverantwortlich für dat Jlück.

Schon gut, Christa, aber ich mach mich nun trotzdem vom Acker. Wünsche dir einen guten Dienst.

Okay, machet jut und schön, dat de Maria jut drop is.

Montag, 27. August 1956, 14:15

Bezirksjugendamt Stadt Köln, Köln-Kalk, im Büro von Frau Krahforst, es befindet sich darin ein Eisenschrank, ein mittelgrosser Schreibtisch. Dieser ist über und über mit Akten beladen. Am Rande balanciert eine Kaffee-Tasse. Im Raum befindet sich außerdem noch ein kleiner runder Tisch, an dem die 4 Personen ziemlich gedrängt, eng nebeneinandersitzen. Der Raum verfügt über kein Fenster.

Guten Tag, meine Damen und Herren, mein Name ist Krahforst, ich bin Sozialarbeiterin FH und bin für die Pflegschaften zuständig, für Familien, die hier in Kalk wohnen. Besonders begrüße ich die Familie Grüneboom, die sich für die Maria entschieden haben. Sie waren ja bereits zwei Mal am Niehler Damm und haben mit dem Mädchen gesprochen oder Kontakt aufgenommen. Sehe ich das so richtig. Außerdem begrüße ich noch, last but not least, den Herrn Kowalski, der eigens aus der Innenstadt hierher gereist ist. Willkommen, Herr Kowalski.

Herr Kowalski nickt.

Also Familie Grüneboom, wie sehen sie die Sache?

Frau Grünebooom: Ich würde mich wahnsinnig freuen, wenn dat Marie'chen zu uns kommen tät.

Herr Grüneboom: Wenn meine Frau meint, dann is wohl so.

Wir vom Jugendamt haben ja bereits die notwendigen Abklärungen gemacht und von unserer Seite steht dem Umzug von der kleinen Maria zu ihnen nach Kalk im Grunde nichts im Wege. Dann sind wir uns ja bereits einig. Wir haben eine Probezeit von 3 Monaten, das ist ihnen im Vorgespräch bereits gesagt worden.

Ja, ja, dat wissen wir. Aber dat werde mer sischer nit in Anspruch nehme wolle.

Man wird das dann zu gegebener Zeit sehen.

Ach, Herbert, nun mal nit jleich schwaz. Dat wird schon klappe. Es is ja so ä süsses Mädsche.

Lass man gut sein.

Dann schließe ich die Sitzung und wünsche allen einen guten Tag. Die Papiere liegen ja zur Unterschrift bereit. Herr Kowalski wird diese Formalität leiten und ich darf mich verabschieden, weil ich zu einem weiteren Termin muss. Huch, ich bin schon 2 Minuten überfällig.

Montag, 12. November 1956, 07:59

Bezirksjugendamt Stadt Köln, Köln-Kalk, siehe Eintrag vom 27. August desselben Jahres

Ich begrüße Sie in meiner Eigenschaft als Verantwortliche für Pflegschaften hier in Köln-Kalk. Die Familie Grüneboom hat ja dringlich um diesen Termin gebeten, weil es mit der Maria gewisse Schwierigkeiten zu geben scheint.

Scheint, ist gut. Wir möchten die Pflegschaft beenden. So geht das nicht, so haben wir nicht gewettet, das hält man ja nicht aus. Ein behindertes Kind wollen wir nicht. Das hat man uns so nicht gesagt.

Gut, Herr Grüneboom, ich verstehe ihre Erregung, aber von einer Wette kann ja nicht die Rede sein. Dass es mit Kindern, die ihre Herkunft nicht kennen und die dann bereits eine Pflegschaft hinter sich haben, nicht immer ganz einfach ist, hat man ihnen erklärt. Sie schaut zu Herrn Kowalski.

Herr Kowalski nickt.

Aber ich würde doch auch gerne von Ihnen, Frau Grüneboom wissen, wie sie es denn mit der Maria erlebt haben.

Also, ja, ich muss schon sagen, es war nicht immer ganz einfach. Aber wenn wir zu zweit waren, war sie oft sehr friedlich, hat mit ihren Puppen gespielt und lächelte auch manchmal, nicht oft, aber doch.

Alles schön und gut, aber die Anfälle waren nicht auszuhalten. Sie schmeißt sich dann auf den Boden, kreischt wie eine Verrückte und beginnt auch zu beißen, wenn man sie aufnimmt.

Was das denn häufig so?

Wenn ich da war, war es immer so, das kann es ja wohl nicht sein. Da nimmt man so ein Geschöpf auf und das ist dann der Dank dafür. Dann verzichten wir lieber.

Gut, aber ihre Frau scheint es nicht so einzuschätzen, wenn ich das richtig verstanden habe.

Das interessiert mich hier relativ wenig, muss ich ihnen sagen. Ich will dieses Kind nicht und damit basta. Man muss sich ja schämen, vor der Nachbarschaft, der ist ja das Geschrei auch nicht ständig zumutbar, vor den Bekannten, wenn man mal Besuch hat und vor den Verwandten erst recht. Die haben uns ja ohnehin schon für bekloppt erklärt, dass wir uns so einen Balg an den Hals hängen.

Herr Kowalski blickt auf.

Nun, Herr Grüneboom, wenn sie das so sehen und ich muss schon sagen, für mich stellt sich dann grundsätzlich die Frage, ob sie für eine Pflegschaft weiterhin in Frage kommen können,

Herr Kowalski nickt.

Weil mir ihre Wortwahl eben, das muss ich hier in aller Deutlichkeit so sagen, gar nicht gefallen hat.

Was meinen sie, wie mich das interessiert. Ich glaube, wir sind hier fertig. Maria ist auch schon am Niehler Damm.

Ach, da haben sie allerdings Nägel mit Köpfen gemacht. Dann tut es mir natürlich für Maria leid. Der Niehler Damm scheint die einzige Konstante im Leben dieses armen kleinen Mädchens zu sein. Dann gibt es wohl nichts mehr zu sagen.

Es tut mir so leid um dat kleene Mariellchen. Hoffentlich finden sie für noch en jut Familisch.

Herr Grüneboom steht bereits, Frau Grüneboom ist im Begriffe dies ebenfalls zu tun, Frau Krahforst wendet sich bereits ihrem Schreibtisch zu, Herr Kowalski schaut auf den kleinen runden Tisch.

2015

Orkanartige Stürme zogen über Deutschland hinweg. Er ergeben sich Versicherungsschäden von ca. 750 Millionen Euro. Es wurden Windgeschwindigkeiten von bis zu 192 km/h gemessen.

Deutsche Rentenversicherung. Ausweis für Rentnerinnen und Rentner. Name: xxxxxxxxxx, Vorname: Maria, Geburtsdatum: …………… Renten Nummer: ………………..

Rentenbescheid für Frau Maria …………: 900 Euro monatlich

Dienstag, 21. September 1976, 15:40

Es wütete einer der schwersten Orkane des 20. Jahrhunderts.

Köln-Kalk, Krankenhaus, Entbindungsstation

Du, war dat net dä Maria, die vor, ich wess et ni meh, vor etwa zwei Jahre he wor. Hat och en Mädche jekreje.

Aber sischer dat. Dat ist die gleiche Maria wie damals, damals kam der Mann zu spät, weil wir ihm gesagt haben, das dauert noch, aber die Geburt verlief wie heute, völlig problemlos.

A ja, die kann Kinger kriege, wie nix. Aber dä Mann war hück dabe.

Ja, hat sich ganz gut gehalten und er war so stolz, er war der Erste, der das Mädchen in den Arm nehmen konnte, durfte.

En schön Situation. Hoffentlich jeht da wigger alles jut.

Ja, warum denn nicht?

Man wess et net und im Läve kann viel passiere.

Ach, du immer mit deinen Unkenrufen.

Wat för Rufe?

Unkenrufe. Unken sind Kröten, man sagt dann eben so.

Ja, Dank daför. Ich bin eben realistisch und nit sone Traumtänzerin. Du siehst immer nur dat Schöne.

Dafür bin ich auch dankbar.

Claro, wenn ich so abjesichert wär, wie du, jinje mir dat ebenso. Is ever nit. Immer Sorje, immer könnt jet passiere, wat net passiere darf. So is ming Läve.

Ja, jeder ist eben anders gestrickt. Aber ich finde das interessant.

Et jeht, ich möchte et manchmal och jet anders han. Is ever nit. Also ich jon dann mal dem Maria schauen.

Ich war schon vor 10 Minuten bei ihr. Da ist alles paletti. Es geht ihr gut. Der Mann ist auch noch da. Kann sich gar nicht trennen, muss aber jetzt dann doch mal gehen.

Nu, lass ihn doch, andere könne nit früh jenug verschwinde. Er stört ja niemanden.

Ja, aber du weißt schon, dann kommt die Meinrad wieder und motzt.

Die Meinrad, kann misch mal krützwis, die olle Meckerziege. Wenn die mal nit me meckert is ä tud.

Ach, jetzt mach mal einen Punkt. Sie weiss aber ganz schön viel, hier auf der Neugeborenenstation.

Kann schon sin, aber sie meckert mir trotzdem zu vill. Isst wohl immer suure Kappes.

Is ja gut. Ich gehe dann mal in die Pause. Bin in 15 Minütchen wieder hier.

Ja, ene rauchen, tät ich och janz jän, jäv me och ens so en Flüppschen.

Das geht nicht, eine muss hier sein, sonst motzt die Meinrad nicht nur, sondern es gibt ein Riesen-Donnerwetter und das möchte ich nicht.

Is ja schon jut, ich blieve he und du tust dinger Lung jet jutes.

Donnerstag, 24. November 1966, 17:33

Judoschule Samurai, zwei Mädchen, die in der gleichen Trainingsgruppe sind, wie Maria, unterhalten sich noch ein bisschen nach dem Training in der Umkleidekabine, nach dem Duschen.

Kumi-Kata: Griff am Judo-Gi, man ist beim Kämpfen stets bemüht, den anderen nicht seinen 'Lieblings-Griff' ansetzen zu lassen. Hierbei darf man die Finger des Gegners nicht anfassen.

Randori: ein Übungskampf ohne Kampfrichter

Sode-Tsuri-Komi-Goshi: der Gegner wird über die eigene Hüfte nach vorne geworfen. Typisch hierbei ist, dass man den Gegner mit einer soge. Links-Griffhaltung hält, d. h. die linke Hand des Angreifers greift am Kragen des Gegners und die rechte Hand fasst den linken Ärmel. Nun dreht man sich aber nicht nach rechts, was im Judo als Links-Angriff bezeichnet wird, sondern man dreht sich nach linkes, was im Judo als Rechts-Angriff bezeichnet wird, ein. Der Gegner ist somit verwirrt.

Koka: ein kleiner Vorteil, ergibt in der Skala der soge. Unterbewertungen von 10, 7, 5, 3, 1 die zweitkleinste Wertung. Bei einer 10er-Wertung ist der Kampf direkt beendet.

Tokui-Waza: die eigene Spezialtechnik, mit der man i. d. R. immer wieder versucht ist, zum Erfolg zu kommen.

Uchi-Komi: Das Üben von Wurfeingängen ohne den Partner zu werfen. I.d.R. werden 10 Eingänge hintereinander durchgeführt, dann kommt der Partner dran. Uchi-Komi-Formen können unendlich variiert werden.

Bah, habe gerade ein Randori mit Maria überlebt. Unglaublich.

Was denn?

Die ist ja sowas von stark. Ich bin in der gleichen Gewichtsklasse wie sie, aber ich kriege keinen Griff. Kein Kumi-Kata möglich. Sie drückt mich einfach weg. Und dann diese komische Art bei ihr, greift links, aber wirft rechts. Kenne keine, die so etwas macht.

Ja, das ist eben ein Sode-Tsuri-komi-Goshi.

So schlau bin ich auch, aber dagegen kämpfen ist dann schon etwas anderes. Ich konnte nicht mal ein Koka bei ihrer herausholen. Echt Frust.

Du musst sie in den Bodenkampf ziehen, da ist sie weniger gut. Ich mache das so. Ich kriege sie dann zwar auch nicht, sie igelt sich einfach ein, greift nicht an, tut nix, aber man hat dann nicht so ein Unterlegenheitsgefühl.

Ja, das trifft es schon in etwa. Aber man sagt auch, dass sie den Bodenkampf schon auch gerne hat, aber eben in einer anderen Situation.

Ja, das habe ich auch gehört. Ist doch alles Tratsch und Klatsch. Ich finde sie ganz nett.

Schon, aber ich glaube, dass da mehr dran ist. Ich habe sie neulich gesehen, wie sie da mit dem Otto...

Ach, hör schon auf, das ist doch ein Angeber, eine Schwaatschnüss, kann es nicht besser, ein Angeber vor dem Herrn.

Möglich, aber sie sind zusammen weggegangen nach dem Training.

Ja und, vielleicht haben sie einen gemeinsamen Nachhauseweg.

Träum weiter.

Ich glaube, du bist eifersüchtig.

Ne, auf den Otto ganz bestimmt nicht, dann schon eher auf ihre Tokui-Waza. Da hätte ich gerne ein Stück davon.

Du musst eben mehr Uchi-Komi machen.

Uchi-Komis finde ich langweilig.

Ja, aber sie müssen sein, ohne diese kommst du nicht zu deinem Spezial-Wurf.

Mal sehen, wenn ich es dieses Jahr wieder nicht ins Landes-Kader schaffe, ich glaube, dann gebe ich es dran.

Ach nee. Das fände ich aber schade. Du kannst doch einfach auch so trainieren.

Nein, dann macht mir das keinen Spaß. Und Maria qualifiziert sich auf einem Bein für den Kader. Das halte ich dann nicht aus.

O je, jetzt greifst du aber tief in die Depri-Kiste.

Ja, und. Es nervt mich eben. Und dann hat sie noch den Schlag bei den Jungs. Das Schicksal ist einfach ungerecht.

Du darfst das nicht so eng sehen. Die Maria lebt ja auch nicht bei den Eltern.

Darum beneide ich sie ja auch noch.

Ui, das wird ja immer schlimmer. Warum denn das?

Mit meinen Eltern habe ich nur noch Stress. Insbesondere mein Vater will ja, dass ich unbedingt in dieses Sch...--Training gehe. Er hat auch schon Maria kämpfen gesehen und dann zu Hause gemeint, warum ich es nicht auch so mache. Von wegen, keine Ahnung, aber zu Hause den großen Boss spielen. Widert mich an. Ich möchte auch ausziehen.

Maria ist aber nicht ausgezogen, sondern hat keine Eltern.

Echt, ist ja krass. Wie kommt das denn?

So genau weiß ich das auch nicht. Aber sie lebt in einer Gross-Familie, hat mir Jürgen gesagt.

Du hältst es also mit Jürgen, ist ja interessant.

Was du wieder denkst. Denkst du wohl immer nur an das eine, oder?

Du etwa nicht.

Manchmal, aber nicht immer.

Ob die Maria schon mal hat?

Frag sie doch

Bestimmt nicht

Aber ich wüsst schon gern, wie das ist, wenn man so was macht

Dann mach es doch

Du bist eine doofe Zicke, natürlich nicht, mir reicht das Knutschen

Bei mir geht es, ich finde das im Grunde nicht so lustig, wenn die Jungs einem die Zunge in den Mund stecken. Findst du das gut?

Manchmal ja, manchmal weniger, kommt drauf an.

Wodrauf, ja wer an der Zunge dranhängt, du bist aber heute komisch

Trotzdem, ich mag es eben nicht so

Ja, dann sag eben Nein

Dann finden sie mich blöd und das will ich ja auch nicht

Ich verstehe schon, nicht immer so einfach, alles

Stimmt

Also, dann beruhig dich. Wir sehen uns Montag wieder beim Training.

Mal gucken.

Denk an deinen Vater.

Quatschkopp, also Tschüss

Tschüss.

Mittwoch, 10. März 1976, 15 51

Einige StudentInnen unterhalten sich im rauchgeschwängerten Erfrischungsraum an der Universität Köln, Erziehungswissenschaftliche Fakultät. An dieser Fakultät hat man die Möglichkeit ein Staatsexamen für das Lehramt an Grundschulen oder Sonderschulen zu erwerben. Es auch möglich den akademischen Grad eines Diplom-Pädagogen zu erwerben oder zu promovieren, zum Dr. paed.

Na, wisst ihr schon das Neueste?

Was denn?

Die Maria hat geschmissen.

Nein, glaube ich nicht.

Is aber so.

Warum dat dann?

Das weiss man eben nicht.

Bitte, wie denn so was?

Das glaube ich jetzt einfach nicht.

Doch, sie ist weg.

Aber es lief ihr doch eigentlich gut.

Ja, das ist ja eben das Rätsel. Sie hatte hier keine Probleme.

Hatte sie denn sonst welche?

Weiss man auch nicht. Könnte sein, dass sie wieder schwanger ist. Mit ihrem Mann läuft das wohl nicht so besonders.

Aber der ist doch ganz erfolgreich.

Kann man wohl sagen, macht einen auf Lehramt und gleichzeitig auf Diplom und fährt jedes Semester einen Haufen Scheine ein.

Vielleicht liegt ja gerade da das Problem?

Verstehe ich nicht.

Ich auch nicht.

So genau weiß ich es ja auch nicht. Aber eine Vermutung könnte es ja schon sein.

Vor seinen Erfolgen hat sie vielleicht die Schnauze voll und so bleibt ihr nichts anderes übrig, als sich zu verabschieden, hier.

Eine etwas arg steile These, würde ich mal sagen.

Ja, was weiß ich denn.

Auf jeden Fall sehen wir sie hier nicht mehr wieder.

Irgendwie schade.

Ja, ich weiß schon, warum du das sagst.

Pass bloß auf, mit deinen Unterstellungen.

Oh, die Szene wird zum Tribunal. Die Kraniche…

Wir wissen, dass du Deutsch als Unterrichtsfach belegst.

Aber mit solchen Vermutungen kommen wir auch nicht weiter.

Ich fand schon immer, dass sie etwas Unberechenbares an sich hat.

Gut, lassen wir das mal so stehen.

Okay, Herr Tutor. Aber schade ist es trotzdem.

Es ist immer schade, wenn jemand aufhört. Finde ich immer etwas traurig. Was immer die Gründe auch sein mögen.

Wir spüren dich.

Was macht sie denn nun?

Das weiß keiner.

Ich glaube, wir müssen.

Ja, wenn wir nicht auch abbrechen wollen, dann müssen wir uns jetzt in die Seminare verziehen.

Ich habe Vorlesung bei Grünfeld.

Interessant, du weißt ja, sein letztes Modewort ist ja, dass alles kontingent ist. Dann noch etwas Luhmann dabei und du bist perfekt.

Okay.

Freitag, 27. September 1991, 20:49

Nach dem Alpabzug, zwei Bauern in Bayern. Nach viermonatiger Sömmerung kehrt das Vieh in die Ställe der einzelnen Bauernhöfe zurück, um zu überwintern. Kommendes Jahr im Frühling geht es dann wieder hinauf.

Servus. So sind die Viecher wieder unten?

Gott sei Dank, alles gut gegangen.

Haben's ordentlich Käse produziert und konnste ihn verkaufen?

Ja, hat alles gut geklappt.

Und mit der Maria, ging's auch gut?

Ja, schon.

Und kommtse wieder, im nächsten Frühjahr?

Nein.

Warum denn nicht?

Sie will nicht?

Und warum will sie nicht?

Weiss ich nicht genau.

Hast du mit ihr darüber gesprochen?

Ja.

Und?

Nichts: und.

Sie will also nicht mehr kommen?

Genau.

Und du hast keine Ahnung, warum sie nicht mehr kommen möchte?

Nein, eigentlich nicht.

Aber ihr habt's darüber geredet?

Freilich.

Hm, und da konntest du nix aus ihr herausbringen. Warum, weshalb oder so?

Nein, hab ich auch nicht versucht.

Ja, warum denn nicht?

Mach ich nicht.

A ha, so, na dann sie kommt sie also nicht mehr?

Hab ich schon gesagt.

Aber du warst zufrieden mit ihrer Arbeit?

Ja, das schon, sehr, ist ein ordentliches Frauenzimmer.

So so, seid ihr also gut miteinander ausgekommen?

Ja.

Nichts weiter?

Nein.

Du hättest sie schon noch behalten wollen im nächsten Jahr.

Freilich.

Aber sie wollte eben nicht.

Genau.

Ja, dann kann man da wohl nichts machen?

Nein, kann man nicht.

Du könntest es ja noch einmal bei ihr versuchen, oder?
Ob sie vielleicht nicht doch noch kommt, oder?

Tu ich nicht.

Wieso nicht?

Weil ich das nicht tu.

Ja, dann, ist es wohl so, wie es ist?

So ist es.

Dann alles Gute, dir und meinst, dass du schon wieder jemand für deine Viecher finden tätst?

Ja, glaube schon.

Dann ist ja alles in guter Ordnung?

Ja, glaube schon.

B'hüeti Gott.

Vergelt's Gott.

Samstag, 20. Februar 1971

Dan-Prüfung zum 1. Dan, Schwarzgurt, im Dojo des Polizei-Sport-Vereins Köln

Dan-Prüfungen sind die Prüfungen, die zum Tragen des Schwarzen Gürtels berechtigen. Diese soge. Dan-Träger werden, gleich wie bei den Schüler-Graden, ebenfalls hierarchisch vom 1 – 5 Dan erworben. Ab dem 6. Dan gibt es keine Prüfungen mehr, sondern die höheren Dan-Grade, bis zum 10. Dan, werden ehrenhalber verliehen.

Nage-no-Kate ist eine standardisierte Übungsfolge von 15 Würfen, die jeweils nach rechts und dann nach links geworfen werden. Jeder Schritt ist vorgegeben, weltweit standardisiert, und wird, je nachdem, unzählige Male mit dem gleichen Partner eingeübt.

Sankaku-Gatame ist eine Festhaltetechnik, mit der in der Hauptsache mit den Beinen der Gegner am Boden festgehalten wird.

Die Prüfer: Rolf Wiggener, 5. Dan, Conny Flocke, 6. Dan und Jimmy Loppmann, 4. Dan tauschen ihre Prüfungsergebnisse aus.

Also dann kommen wir zur Maria. Bei der Nage-no-Kata erhält sie von mir eine befriedigend. Bei mir ein gut und ich gebe ihr auch ein befriedigend. Die Ausführung war nicht immer ganz korrekt, nicht immer auf den Punkt gebracht, wie das eben bei einer Kata verlangt wird. Aber die Würfe kommen mit Spannung, man sieht, sie ist eine Wettkämpferin. Da sind wir uns einig.

Alle bejahen.

Ihre Rolle als Uke behagt ihr nicht so. Aber das haben wir ja bei Wettkämpfern schon mehrfach festgestellt und muss hier wohl nicht weiter erörtert werden. Will jemand etwas dazu sagen?

Alle verneinen.

Gut, dann kommen wir zur technischen Prüfung. Man sieht unschwer, welches ihre Spezialtechnik ist und die ist ja weithin gefürchtet. Die Fußtechniken sind nicht so ihr Ding, aber das kann ja noch werden. Sie ist ja noch jung. Ich gebe ihr da ein Gut. Ich gebe ihr ein Sehr-Gut, ich auch ein Gut. Da sind wir uns also einige.

Alle bejahen.

Gut, kommen wir zu den Bodentechniken. Wir wissen alle, dass sie keine Bodenspezialistin ist, aber die Techniken waren korrekt ausgeführt und somit aus meiner Sicht befriedigend. Ich gebe ihr hier ein ausreichend, mir fehlt hier die Spannung, insbesondere der Sankaku-Gatame war dann schon grenzwertig. Das stimmt wohl, aber die Hebel sassen gut. Ich gebe ihr auch ein ausreichend bis befriedigend. Wir halten fest, dass wir sie aber auch bei den Bodentechniken nicht durchfallen lassen wollen.

Alle verneinen.

Gut, dann hätten wir noch den Theorie-Teil. Hier waren die beiden Prinzipien von Jigoro Kano gefragt. Da ging es wohl nicht ohne gewisse Hilfestellungen ab. Das Prinzip des ökonomischen Nutzens war ihr noch einigermaßen klar, die gegenseitige Hilfe und Achtung, dann aber schon weniger. Was machen wir damit. Ich meine damit machen wir gar nichts, zumal ich von oben gehört habe, dass dieser Teil in Zukunft bei den Dan-Prüfungen im niedrigeren Bereich sowieso weggelassen werden können, wenn jemand z. B. einem Kader angehört und das ist ja bei Maria der Fall. Also ist die Bewertung hier für mich nicht relevant. Sehen das die anderen auch so.

ConnyFlocke fragt, was mit 'relevant' gemeint ist?

Rolf Wiggener meint, dass man das nachher bei einem Kölsch ausreichend besprechen könne.

Alle bejahen.

Gut, ich fasse zusammen, und verkünde gleich vor dem Publikum, dass Maria mit gutem Erfolg die Prüfung zum 1. Dan bestanden hat und somit berechtigt ist, hinfort den schwarzen Gürtel zu tragen.

Montag, 1. April 2013, 09:13

Hochwasser und Überschwemmungen in den französischen und spanischen Pyrenäen. Große Hagelschäden in Deutschland ereigneten sich in Tübingen, Reutlingen, Göppingen, Esslingen und im Ostalbkreis.

Umzugsfirma 'Leopard', Ali, der Besitzer der Umzugs- und Reinigungsfirma, im Handy-Gespräch mit einem Kunden

Sie sind der Geschäftsführer?

Ja

Sie haben von dem Desaster bereits gehört.

Ja

Sie wissen, dass die Wohnung nicht abgenommen worden ist, weil sie nicht sauber genug gereinigt worden war.

Ja

Es muss also nachgebessert werden.

Ja

Werden sie das umgehend tun?

Ja

Und sie sind damit einverstanden, dass ich eine Preisreduktion verlange?

Ja

Gut, dann sind wir uns also einig. Aber gut war das nicht und fällt auch kein gutes Licht auf ihre Firma.

Ja

So etwas können sie sich doch eigentlich gar nicht leisten, oder?

Ja

Was haben Sie denn da für Angestellte? Taugen wohl nicht viel, was?

Ja

Die Dame war ja auch schon etwas älter und meine Frau sagte mir, dass sie über Hüftprobleme klagte. Außerdem hätte sie auch eine Fahne gehabt.

Ja

Das geht ja nun gar nicht. Warum beschäftigen sie solche Leute. Sind wohl billig? Gut, das ist ja dann nicht mein Problem, aber ich verlange, dass die Nachreinigung sofort und zur allseitigen Zufriedenheit ausgeführt wird.

Ja

Dann also, auf Wiederhören.

Ja

Donnerstag, 17. Februar 2011, 10:11

Schwere Überschwemmungen in Nordwestitalien und in Südfrankreich.

Hildegardis-Krankenhaus, Orthopädie

Häste jesehn, da chüt än al Frau, die kriegt ein neues Kneejelenk. Die kommt in Zimmer 4, mit der anderen alen Frau, mit dä Scholder.

Ha, han ich bereits auf de List jesehn.

Die wird morje operiert.

Oberarzt: Wir haben dann hier die Maria mit dem neuen Kniegelenk, ein Voll-Gelenk. Die Op ist gut verlaufen.

Also zur heutigen Kurzsitzung steht die Maria auf der Liste. Mit den beiden Damen geht das jar nit jot. Die fetzen sich, was das Zeug hält und das kann ich auf meiner Station nit av.

Haben die sonst nix zu tun. Aber ich habe es schon mitbekommen, die verstehen sich geradezu überhaupt nicht. Ich denke, der Zoff geht meistens von Maria aus. Die ist sehr unzufrieden. Eventuell müssen wir sie verlegen. Hat jemand eine Vermutung, woran das liegen könnte, dass die meint, ewig Ramba-Zamba machen zu müssen.

Dat is doch klar.

Bitte Lydia, was meinste damit?

Hm, ich weiss jar nit, ob ich das he verzälle soll.

Raus mit der Sprache, bitte

Der fehlt ein Schnäpschen. Dat is scho alles. Ne Kloore, brucht die und dann ist se ruhig.

Bist du dir da sicher.

So sischer wie dat Amen im Dom zu Kölle.

Ja, aber wir können der ja keinen Schnaps anbieten. Wir sind ein Krankenhaus.

Schon klar, aber sie ist auf Entzug.

Natürlich is se dat. Die hat keen klen Fläschchen me und sitzt uf em Trockene.

Hast du denn diese Fläschchen gesehen?

Sie hat se versteckt, aber ich han jesehen, wie se se versteckt hät.

Nicht zu fassen. Was machen wir jetzt damit?

Nit ming Entschedung, du muss nit mich anluure.

Ja, ja. Ich muss das mit der Abteilungsleitung besprechen.

Und wenn wir sie in ein Einzelzimmer verlegen?

Dat han ich och schon jedacht. Aber ich woll nix dazu jesagt han.

Das geht nun gar nicht, sie hat keine Privat-Versicherung und ein Einzelzimmer bezahlt die AOK nicht.

Dann wird se wigger Fisematente mache.

Das befürchte ich auch. Hat schon jemand mit ihr über ihre Alkoholkrankheit gesprochen?

Ich wees et net, ewe ich jlööve wahl.

Und wer soll das gewesen sein?

Ich han ens bemerkt, dass der Neue, da der jong Assi mit ihr über so jet jesproche hät.

Was der Assistenzarzt Kollupke und sagt mir dann nichts. Denn werde ich mir mal holen.

Der kann doch nix dafür und ich find et jut, dass er se nit verpfiffe hät.

Ja, ja, alles schön und gut, aber Unruhe auf der Station kann ich auch nicht dulden. Gut, wir wissen also nicht so genau, wie das weitergeht. Mit ihrem Knie wird sie ja noch einige Tage bei uns bleiben und irgendwie müssen wir die Sache in den Griff bekommen. Wie gesagt, ich werde mit der Abteilungsleiterin, Anita, die Sache besprechen und gebe euch an der nächsten Sitzung Bescheid. Wenn nichts mehr ist, wünsche ich noch einen guten Tag.

Dä Anita muss jemand von der Sucht-Abteilung orjanisieren. Dat is net unser Jeschäft.

Das sehe ich auch so. Danke für's Mit-Denken und noch einen schönen Tag.

Mittwoch, 10. Dezember 1969, 08:00

Das Jugendamt Köln-Innenstadt

Es wird hiermit verfügt, dass die Pflegschaft von Maria, die durch das Ehepaar Sanner in der Heilpädagogischen Großfamilie, gewährleistet wurde, hiermit per 31.12. 1969 aufgehoben wird. Grund ist die Volljährigkeit von Maria.

Der Familie Sanner wird hiermit für ihre wertvolle Arbeit gedankt.

(Siegel und Stempel der Stadt Köln)

Freitag, 24. Dezember 1982, 16:09

2 Schwestern, die Kinder

Papa ist nicht da an Weihnachten, nicht?

Ja, das wird wohl so sein. Schade, nicht?

Ja, sehr, ich bin traurig.

Du musst nicht traurig sein.

Bin ich aber.

Ich eigentlich ja auch.

Warum ist Papa weg, haben wir etwas falsch gemacht.

Glaube ich nicht. Was sollte das denn sein?

Weiss ich nicht. Ich denke einfach.

Dann denk nicht so viel.

Sei nicht so fies, du bist ja auch traurig, musst nicht die große Schwester spielen.

Ja, so ist es eben und wir gehen ja mit ihm weg.

Da ist doch dann Mama traurig.

Glaube schon. Aber das Jugendamt und das Gericht haben es so gewollt.

Ich freue mich, dass ich bei Papa bin und bin traurig, dass ich nicht mehr bei Mama bin und dass wir von Köln weggehen. Wie ist es dann dort?

Weiss ich doch nicht. Ja, dass wir weggehen, ist schon schade. Ich wäre gerne hiergeblieben.

Und wenn jetzt Papa hierbleiben würde, aber sie nicht mehr zusammen sind, bei wem wolltest du dann sein?

Du kannst Fragen stellen. Darüber möchte ich gar nicht nachdenken.

Ich habe das schon nachgedacht.

Und?

Ich würde dann schon bei Papa bleiben wollen. Sie hat ja jetzt immer so andere Männer. Die gefallen mir nicht. Diesen Horst fand ich nun ganz blöde. Du ja auch.

Stimmt schon, aber ich würde es nicht so sagen, wenn Mama den gut findet.

Sie haben aber letzthin gestritten, und zwar ziemlich doll.

Ja, das habe ich schon mitbekommen. War widerlich.

Soll sie ihn doch rausschmeißen.

Tut sie ja vielleicht auch noch. Aber wenn du bei Papa bleiben kannst, dann kannst du ja zufrieden sein. Ja schon, aber, na du weißt schon. Bei mir in der Klasse hat fast die Hälfte geschiedene Eltern. Jetzt gehören wir eben auch dazu.

Ein Super-Trost. Aber ich verstehe schon, was du meinst und was Papa angeht, denke ich im Grunde genauso wie Du.

Ja, zum Glück sind wir nicht getrennt. Das wäre das Schlimmste.

Meinst du?

Ja, natürlich, wenn wir zusammenbleiben können, dann ist das alles nicht so schlimm.

Wie findest du denn Bibi? Die wird ja dann auch für uns da sein.

Ach, eigentlich ganz nett. Aber ich bin nervös.

Wegen ihr?

Ja

Warum denn?

Ich weiß ja nicht, wie sie so ist, wenn wir zusammenwohnen.

Ja, das stimmt, daran habe ich auch schon gedacht. Aber wir waren ja in den Ferien mit ihr und da hat es ganz gut geklappt.

Stimmt. Und in den Ferien sind wir ja dann immer auch in Köln und besuchen Sophie und Pauline.

Da freue ich mich jetzt schon drauf. Deren Eltern sind ja auch geschieden.

Alle lassen sich heute scheiden. Ob uns das auch passieren wird?

Das glaube ich nicht. Nie und nimmer. Das ist doch schrecklich.

Na ja, so ist es eben.

Hast du schon mal gesagt.

Was soll ich denn sonst sagen.

Ja, ist ja gut. Und die Schule.

Was soll damit sein? Schule ist Schule.

Ja, aber die reden da so komisch.

Das lernen wir schnell, hat Papa gesagt.

Ja, der kann es ja schon. Aber er hat auch gesagt, dass sie in der Schule richtiges Deutsch reden müssen. Aber in der Pause natürlich nicht mehr. Und es hat auch schon viele andere, die aus Deutschland sind und da leben.

Tröstlich.

In den Ferien sind wir ja dann wieder bei Mama. Hoffentlich trinkt sie dann nicht so viel.

Hoffentlich.

Und dass dieser Horst eine Fliege gemacht hat.

Wenn es nicht Horst ist, dann ist es eben ein anderer Tünnes.

Meinste?

Sicher dat.

Nun hör mit dem Kölsch auf, das nervt.

Wie dat dann?

Hör auf, habe ich gesagt.

Na gut, hör ich eben auf, kleines Schwesterlein.

Du bist so affig, weißte das?

Nee, das ist mir neu. Komm, wir spielen was...

Au fein!

Mittwoch, 10. November 1954, 09:57

Montessoripädagogik ist ein von Maria Montessori ab 1907 entwickeltes und namentlich in Montessori-Schulen angewandtes pädagogisches Bildungskonzept, das die Zeitspanne vom Kleinkind bis zum jungen Erwachsenen abdeckt. Sie beruht auf dem Bild des Kindes als „Baumeister seines Selbst" und verwendet deshalb zum ersten Mal die Form des offenen Unterrichts und der Freiarbeit. Sie kann insofern als experimentell bezeichnet werden, als die Beobachtung des Kindes den Lehrenden dazu führen soll, geeignete didaktische Techniken anzuwenden, um den Lernprozess optimal zu fördern. Als Grundgedanke der Montessoripädagogik gilt die Aufforderung „Hilf mir, es selbst zu tun". (Quelle: Wikipedia)

Zwei Mütter, deren Kinder im Montessori-Kinderhaus (Kindergarten) sind, unterhalten sich.

Hallo Ulla

Hallo Kim, na wie geht's. Habt ihr euch schon eingelebt, hier in Köln. Muss ja eine große Umstellung sein, von den Staaten nun hier im Nachkriegsdeutschland zu leben.

Ja, thanks, es geht ganz gut. Mein Mann arbeitet ja bei dieser Firma, Ford you know. Da gibt es viel zu tun.

Das glaube ich gern. Und du hast keine Probleme mit uns.

Mit uns? Wie meinst du das?

Ja, mit uns Deutschen.

Nein, es sind alle nett zu uns und es sind ja nicht alle gleich und weißt du, für Politik habe ich mich eigentlich nie so richtig interessiert und der Krieg ist ja nun fast 10 Jahre her.

Das stimmt auch wieder.

Ein Problem habe ich schon, ein bisschen. Mit dem Kinderhaus. Nein, eigentlich nicht mit dem Kinderhaus, aber mit dem einen Kind.

Oh, wirklich. Ich glaube, ich weiß schon, wen du meinst.

Ja, es ist Maria, dieses Mädchen ist doch sehr aggressiv und will immer Recht haben, es ist zu bestimmend, kann man das so sagen?

Ja, das kann man wirklich.

Was ist denn mit den Eltern dieses Mädchens. Irgendetwas ist doch da nicht okay? Oder?

Hm, soviel ich weiß, kennt Maria ihre Eltern nicht. Gunhild, kennst du, oder?

Kim nickt.

Also, Gunhild hat mir erzählt, dass sie nach der Geburt beim Dom abgelegt worden ist.

Das ist ja schrecklich. Und jetzt, wie lebt sie denn, wo lebt sie?

Sie war bei Pflegeeltern, das ging dann aber nicht gut, dann war sie wieder im Heim, ja, zu Beginn war sie natürlich auch im Heim, am Niehler Damm, weißt du.

No, kenne ich nicht. Wo ist das?

Das ist direkt am Rhein, etwas oberhalb von der Stadt.

A ha, das arme Mädchen, das habe ich nicht gewusst. So einen schrecklichen Start ins Leben zu haben. Das ist horrible.

Ja, meine Tochter hat auch schon einige Erfahrungen mit Maria machen 'dürfen'. Sie will sich immer durchsetzen und wenn es nicht gelingt, wird sie handgreiflich.

Du meinst, sie schlägt dann die anderen Kinder?

Nein, das nicht gerade, sie hält sie fest oder drückt sie weg und zwar mit ihrem ganzen Körper. Meine Tochter sagte mir, sie könne nichts machen, Maria wäre fast so stark wie Papa.

No, really? Unglaublich. Sie kämpft mit dem Leben.

Ja, das kann schon sein, aber wenn es um meine Tochter geht, finde ich es dann nicht mehr so lustig. Ich habe bereits mit Monica

Du meinst Frau Eisenhut

Ja, gesprochen. Sie will dem nachgehen. Das Verhalten von Maria war wohl auch schon ein paar Mal Thema an ihren Sitzungen.

Ja, aber was können sie tun? Ich glaube, nicht viel. Das Mädchen hat sicher kein Vertrauen zu den anderen Menschen, wie denn auch.

Ja, kann schon sein, trotzdem. Ein Beispiel: Als Conny, unsere Tochter, Geburtstag hatte, haben wir auch Maria eingeladen. Sie soll sich ja nicht ausgegrenzt vorkommen. Benommen hat sie sich eigentlich ganz gut, aber sie hatte ständig so eine verschnupfte Nase und wischte sich dann immer mit der Hand darüber. Ich muss ehrlich sagen, es hat mich doch schon etwas geekelt.

Hm, dafür kann sie ja nichts. Hast du ihr denn mal die Nase richtig geputzt.

Ne, wirklich, das konnte ich nicht. Tut mir leid, war vielleicht ein Fehler von mir. Aber ich konnte einfach nicht.

Gut, dann muss sie eben immer wieder auch die Hände waschen.

Ja, das habe ich ihr schon gezeigt, aber sie hat es nicht verstanden.

Warum nicht?

Ich bin mit ihr auf's WC gegangen und habe ihr gesagt, sie solle sich die Hände waschen.

Und?

Sie hat mich nur angeschaut und gefragt: Warum?

Und?

Ja, eben, ich konnte es ihr nicht sagen, ich fand es einfach zu peinlich. Ich konnte einfach nicht.

Hm, schwierig für euch beide, könnte man sagen.

Vielleicht. Aber du, ich muss nun los, muss noch einkaufen. War schön, mit dir gesprochen zu haben. Bis auf ein anderes Mal dann.

Yes, bye bye.

1951, 02:15

Seiteneingang des Kölner Dom, Mutter von Maria im Monolog

Verdammter Scheiß, so viele Türen, mein Gott, wie viele Türen hat denn dieses Scheißding

Oh, ich kann dieses Kind nicht behalten, geht einfach nicht, was soll ich nur tun, da müsste doch bei diesem Scheiß-Haus irgendwo Gott in der Nähe sein, aber wenn man ihn braucht, ist er ja nie da, wäre ja nicht das erste Mal

Zum Glück hat es die Geburt überlebt, und ich auch

Warum diese verdammte Scheiße überhaupt passieren musste, habe ich bis heute noch nicht verstanden

Ich lege es hier hin, Nein, das ist nicht gut, vielleicht dort, oder dort, so viele Türen, wozu braucht man so viele Türen, unglaublich

Vielleicht doch näher beim Haupteingang, damit man es auch ja findet, tut mir leid Kleines, aber es geht nun wirklich nicht anders, das Leben, das ich führe, möchte ich dir nicht zumuten.

Eher bringe ich uns beide um. Aber du sollst leben, die Chance hast du dir verdient

Wenn ich das hinter mich gebracht habe, saufe ich mir sowas von die Hucke voll, dass ich 2 Wochen nicht mehr weiß, wer ich bin.

So eine gottverdammte Riesenscheiße, die mir da wieder einmal passiert ist.

Was doch klar, dass diese Typen nur ihr Ding in mich reinstecken wollten. Aber was tut man nicht alles, für ein paar Mücken und dass es einem für eine kurze Weile etwas besser geht. Pech, Riesenpech, aber es wird schon für dich gesorgt werden.

Machs gut, Kleines, auf Nimmerwiedersehen. Mich hast du nicht verdient, wenn du mich nie kennenlernst, hast du keinen großen Verlust erlitten. Vergessen werde ich dich nicht, deine Rabenmutter.

So, ich glaube, hier wäre es wohl günstig, nicht zu frontal und nicht zu abgeschieden. Hier sollte es klappen.

Ich bin dann mal weg, ganz weg, wäre auch nicht übel...

Donnerstag, 20. April 1995, 13:07

Car-Reise auf Sardinien; Teilnehmer der Reise unterhalten sich.

Sie quatscht wie ein Buch.

Ja, ein Radio könnte man abstellen.

Mir wird es auch zu viel, man will ja einfach mal nur etwas schauen, ohne immer zuhören zu müssen.

Ich habe es versucht, Maria mit etwas Humor, bei der letzten Pause zu sagen, es ihr quasi schonend beizubringen, dass wir nicht ständig berieselt werden müssen.

Hat aber nicht viel gebracht.

Leider nicht, muss ich zugeben.

Gut, sie weiß ja viel, aber eine Pause täte uns allen gut.

Muss sie das denn tun.

Nein, glaube ich nicht. Auf anderen Car-Reisen mit der gleichen Gesellschaft und einer anderen Reiseführerin, wurde nur ca. ein Drittel erzählt. Und auch das war genug.

Ja, warum tut sie denn sich und uns das an?

Gute Frage. Wer hat die Antwort?

Was ist sie eigentlich für ein Mensch?

Das habe ich mich auch schon gefragt. Im Bus redet sie wie ein Wasserfall, aber beim Frühstück oder Abendessen ist sie schweigsam wie ein Fisch.

Du hast wohl schon versucht, mit ihr ins Gespräch zu kommen.

Ja, habe ich.

A ha, du hast ihr wohl Avancen gemacht.

In etwa, ein bisschen. Ist ja nicht verboten, oder?

Hat auch niemand behauptet. Darf man wissen, wies gelaufen ist.

Gar nichts, ist gelaufen. Sie hat mich eiskalt abblitzen lassen. Sie war wirklich frostig, würde ich dem Sagen.

Hat zwei Seiten, die Dame.

Kann man wohl sagen. Von beidem zu viel, etwas mehr Mittelmaß wäre ganz angenehm.

Tja, kann man wohl nichts machen.

Glaube ich auch nicht, taufrisch ist sie ja auch nicht mehr.

Dafür etwas arg unausgeglichen.

Ich kann vielleicht noch etwas beifügen.

Lass hören.

Ich habe gesehen, wie sie gestern Abend mit dem Concierge noch etwas getrunken hat und das schien mir einen gewissen Grad an Vertrautheit zu signalisieren.

Oh, interessant und was schließt du daraus?

Gar nichts, geht mich ja auch nichts an, mit wem sie die Abende oder so, verbringt.

Ich würde wetten, dass wenn man sie nachts brauchen würde, zum Beispiel, wegen einem Notfall, man sie dann nicht in ihrem Zimmer finden würde.

Ja, das wäre natürlich übel. Aber hoffen wir, dass so etwas nicht eintrifft. Morgen geht's ja an die Amalfi-Küste, die soll ja besonders schön sein.

Habe ich auch gehört. Na dann, gute Nacht und dass mir ja jeder sein eigenes Bettchen findet.

Sehr witzig...

Mittwoch, 16. Mai 2001, 06:09

Im Backhaus Mäzenisch, der Chef und eine Angestellte

Sag mal, Hella, da fehlen doch immer wieder Brüdsche. Weißt du da wat von?

Hallo Chef, ne, nicht dat ich wüsste. Wat fehlt wo?

Na, Brüdsche ebe. Solche, die mer nimme han verkoofe könne.

Ach, die menste.

Ja, die und dann noch an und ab en Schwarzbrud.

Könnt schon sin.

Wat soll dat heiße? Willste mich veräppele oder wat is he jebacke?

Würde ich mir nie erlaube, Chef. Ehrlisch nit.

Wo blieve dä Brüdsche, han ich jefragt und ich will jetzt än anständig Antwort han.

Ja, ja, han ich schon kapiert. Aber es is nit so einfach, Chef.

Und warum is es net so einfach, Hella!

Weil et eben nit so einfach is, dat zu verzälle.

Dat han ich kapiert und du drehst und windest dich ja, als ob es um jet janz Schlimmes jeht.

Ne, dat eijentlich nit.

Also, dann kann et ja och nit so schwer sin, oder. Nu gew dir än Ruck und erzähl es.

Jut, wir haben doch die neue, die du als Aushilfe anjestellt häs.

Dä Maria?

Jenau, die

Und wat is mit der?

Ach, so jesehen eijentlich nix.

Klaut die dä Brüdsche?

Dat kann man so direkt nicht sagen.

Und indirekt?

Sie jewt se wigger.

Wat tut die?

Sie jit de Brüdsche an ärme Lük.

Dat kann doch nit wahr sin?

Doch, dat mäht die.

Und, du weißt dat und sagst nix. Sauber, sauber, muss ich schon sagen.

Nu, krieg dich wieder ein Chef. So schlimm is es ja net. Es sind ja nur die Brüdsche, die wir nicht mehr am jleichen Tag verkooft krieje.

Dat tut eijentlich nix zur Sach.

Na, etwas vielleicht schon. Aber ich weiß, dat dat verbode ist.

Wenigstens etwas, weißte. Und macht die dann einen Reibach damit. Jeht dat an minge Jeldbüggel?

O ne, dat nu janz und jar nit.

Wo kume de Brüdsche dann hin?

Sie verteile sie an ärm Lük. Sie nimmt keinen Cent dafür. So eine is dat nit.

Sie ist also Mutter Teresa, aber mir sin nit in Kalkutta, verstehste.

Schon klar, Chef. Aber sie meint et ja nur jut mit dene Lük.

Schön und jut, aber wir müsse dat anders regle. So jeht dat nit. Hük sin es dä Brüdsche und morje dä Torte, oder wie han ich dat zu verstehe.

Nein, dat glaube ich nit.

Sie hat ein jroßes Hätz, dä Maria.

Wenn du dat sagen tust, wird et wohl so sin.

Ich mag sie ebe.

Nu, hüre mal, Hella. Ich will diese Sach nu nit an dä jrosse Jlocke hänge, aber dat muss aufhöre. Is dat klar. Sprich du mit ihr und bring ihr das bei. Wenn et nit ufhürt, muss sie jonn.

Aber, Chef

Kein Aber, Hella. Du musst dich entscheiden. Is dat klar?

Klar, wie Kloßbrühe, Chef.

Dann han mer uns verstange.

Hm, ja.

Mittwoch, 22. Februar, 1967, 18 34

In der Nordsee ereignete sich eine Sturmflut, ausgelöst durch einen schweren Orkan, bei dem bisher nicht gemessene

Windgeschwindigkeiten festgestellt wurden. Die Spitzenböen konnten mit den damaligen Messgeräten nicht genau festgestellt werden. Man schätzt, dass sie über 180 km/h aufwiesen.

Clara, 10 Jahre alt, im Gespräch mit dem Co-Leiter der Heilpädagogischen Großfamilie Sanner, Moritz Sanner

Willst du noch etwas spielen, Clara?

Ne, hab keine Lust.

Geht es nicht so gut, Clara?

Doch, doch.

Na also, ich weiß nicht. Du gehst doch mit irgendetwas spazieren. Willst du es mir sagen?

Hm, weiß nicht

Also, irgendwie schon, oder?

Ja, schon.

Also, Clara, was bedrückt dich?

Es ist wegen Maria…

Was ist mir ihr?

Sie darf immer alles!

Immer – Alles?

Ja, genau, immer darf sie alles, was sie will.

Du hast diesen Eindruck, dass das so ist, bei uns?

Ja, ich glaube schon. Alisha hat das auch gemeint.

Du hast mit Alisha darüber gesprochen.

Ja, habe ich, sie ist zwar noch klein, aber sie versteht das schon.

Das kann schon sein. Aber bleiben wir doch mal bei Maria. Du glaubst also, dass sie mehr Recht hat, als zum Beispiel du?

Es ist doch so. Oder etwa nicht.

Hm, ich weiß nicht. Sie ist natürlich auch schon älter als du. Das macht schon etwas aus.

Ja, das verstehe ich ja auch. Aber sie ist so, ach, manchmal verstehe ich es einfach nicht mit ihr.

Magst du sie denn oder eher nicht.

Ich mag sie sehr, ich finde sie sehr gut, ich möchte auch so sein wie sie.

Ach, wirklich. Wie ist sie denn?

Sie ist so, wie sie ist, eben, immer einfach so.

Hm, verstehe ich jetzt, ehrlich, nicht so ganz, wie du das meinst?

Sie hat immer eine Meinung, sagt aber nicht viel, aber sie weiß es eben.

Was weiß sie denn?

Alles, immer.

A ha

Ja, so ist sie. Sie sagt dann, es ist eben so und so und dann ist es auch so. Das möchte ich auch können. Ich bin mir oft nicht so sicher. Maria schon.

Sie ist auch schon 16, da weiß man vielleicht schon manches mehr, als wie mit 10, oder meinst du nicht auch?

Das meine ich aber nicht. Es war von Anfang an, dass, ach ich weiß auch, manchmal denke ich, sie macht sich gar keine Gedanken, zu irgendetwas, es kommt einfach so aus ihr heraus. So direkt, verstehst du.

Also so spontan, meinst du?

Genau. Man sieht gar nicht, ob sie etwas überlegt hat oder nicht. Es kommt einfach so, platsch und sagt sie etwas und fertig. Oder geht dann sogar weg und schaut gar nicht, was die anderen dazu sagen. Das hat mich, als sie noch neu war, schon manchmal richtig geärgert und ich kriegte einen Hass auf sie.

Oh, und der Hass ist jetzt aber verschwunden.

Ja, das schon, weil sie hilft einem ja immer auch. Sie hilft jedem. Manchmal denke, dass es für sie gar keine Rolle spielt, wem sie mit irgendetwas hilft. Sie macht es einfach.

Du meinst, so von der Sache her, unabhängig von der Person.

Ja, genau. Die Person interessiert sie gar nicht. Nein, vielleicht interessiert sie die Person, die Hilfe braucht dann schon auch, aber sie unterscheidet nicht.

Du hast Recht, das ist mir auch schon aufgefallen.

Wirklich?

Ja, sie ist sehr hilfsbereit und möchte nicht, dass man ihr dankt. Das mag sie gar nicht.

Stimmt. Das hat sie zu uns auch einmal gesagt. Wenn man ihr dankt, dann hilft sie beim nächsten Mal nicht mehr, hat sie gesagt. Schon irgendwie komisch, oder. Sie ist speziell.

Aber sie gehört auch zu uns.

Ja, ja, das sagst du immer, dass wir eine Familie sind. Aber in Wirklichkeit sind wir nämlich gar keine.

Wieso sagst du das jetzt?

Weil es einfach stimmt. Das hat auch Maria gesagt.

Was hat Maria gesagt?

Eben, dass wir keine Familie sind, weil wir alle keine Eltern haben, obwohl wir alle eben doch Eltern haben, aber die sind entweder tot, oder verschwunden oder haben sich in Luft aufgelöst oder irgend so etwas eben, eben

Hm, ich sehe schon, du bist traurig, weil du hier bei uns leben musst.

(weint)

Komm Clara, wir versuchen eine Familie zu sein, ich weiß schon, dass wir keine richtige Familie sind, aber wir können es doch immer wieder versuchen, oder?

Ja, ja, ich beruhig mich ja schon. Es ist ja alles auch gut hier, aber Maria kümmert das eben nicht.

Du glaubst, dass das mit der Familie ihr egal ist.

Das weiß ich nicht. Aber sie redet nie darüber. Letzthin hat sie gesagt, wir sind hier und hier ist es besser als woanders, also Ende der Debatte. Alisha hat dann geweint, ich habe sie getröstet.

Das war lieb von dir.

Maria hat doch auch Eltern, oder?

Ja, aber sie hat sie nie kennengelernt. Vielleicht versteckt sie ihren Schmerz ganz tief drinnen in ihrem Herzen.

Glaubst du?

Ja, vielleicht, ich weiß es ja auch nicht. Sie spricht nie darüber, auch nicht andeutungsweise und wir respektieren das.

Ja, aber ich kann das nicht. Bei mir kommt es immer wieder hoch. Bei mir sind ja nur die Drogen schuld. Hätte meine Mutter nicht die Drogen genommen, wäre ich jetzt bei ihr.

Ich kenne diese Geschichte. Es ist eine traurige Geschichte und es tut mir leid.

Du kannst ja nichts dafür und ich bin ja auch froh, dass ich hier bei euch gelandet bin. Am letzten Ort, bei den Bauern, das war die Hölle, sage ich dir, die reinste Hölle.

Gut, dass wir das mit dem Jugendamt beenden konnten.

Schlimm, wenn Maria einmal nicht mehr bei uns ist. Ja, sie wird ja bald 18 und dann kann sie selber entscheiden, was sie machen will. Ich bin gespannt. Hoffentlich geht sie nicht direkt. Sie könnte doch schon noch etwas bleiben, oder?

Das kann ich jetzt so nicht sagen. Aber auch in einer richtigen Familie ziehen die Kinder ja aus, wenn sie volljährig geworden sind, das ist ein normaler Vorgang.

Ich würde nie bei meiner Mutter ausziehen, wenn sie nicht die Drogen genommen hätte.

Wer weiß das schon.

Ich weiß es!

Gut, Clara, nun muss ich aber weiter, habe noch etwas im Büro zu tun.

Ja, genau, wie in einer richtigen Familie.

Du ziehst mich auf.

Du merkst aber auch alles. Tschüss

Tschüss, Clara.

Mittwoch, 23. Juni 1965, 08:15

Lagerleitung des Schullagers in A.

Also ich musste Maria gestern Nacht aus einem Jungenzimmer herausholen. Sie lag mit zwei Jungens in einem Bett.

Ja, haben wir alle mitgekriegt.

Gut, es stellt sich die Frage, wie gehen wir damit um?

Eigentlich ist die Sache ja klar, oder?

Wie klar?

Wir haben Regeln, es gibt eine Lagerordnung, die haben alle Jugendliche und ihre Eltern erhalten. Wer trinkt, kifft oder nachts in ein anderes Zimmer geht, besonders wenn es ein anders-geschlechtliches Zimmer ist, geht heim. Ist doch klar und verständlich.

Ja, aber es ist schon hart. Sie macht ja gut mit und ist bis jetzt noch nicht negativ aufgefallen. Im Gegenteil. Als das eine Mädchen da gestürzt ist, sind alle dabeigestanden, einige Jungs haben doof gelacht und Maria ist die Einzige gewesen, die hingegangen ist, näher geguckt, was es dem Mädchen, es war die Caroline, gemacht hat und sie dann auch in den Arm genommen und getröstet hat. Fand ich echt Klasse.

Das ist zweifellos sehr gut und eine sehr soziale Haltung von ihr. No doubt about it. Aber hier ist sie nun eben zu weit gegangen.

Ja, ist sie. Aber diese Jugendlichen müssen doch auch ihre Grenzen ausloten. Das gehört doch dazu. Hast du das nicht auch gemacht?

Ich glaube nicht, dass ich hier zur Debatte stehe, sondern Maria, die ein klares und wie ich meine, hartes Verbot, durchbrochen hat. Das können wir so nicht durchgehen lassen. Denkt nur mal an die Eltern. Wenn die das erfahren: Sodom und Gomorrha im Jugendlager der Stadt Köln. Nicht auszudenken und wir leiten dann kein Lager mehr, das ist euch doch wohl klar, oder?

Also worum geht es jetzt hier? Um uns oder um die fraglose Disziplinlosigkeit von Maria.

Also Frau möchte ich hier nur zu bedenken geben, dass die Jungs sie ja auch hätten wieder rausschicken können, oder? Habense aber nicht jetan. Spielt das hier keine Rolle?

Nein, ich denke nicht. Sie haben sie ja nicht gekidnappt und rüber getragen; sie ist freiwillig, von sich aus, zu ihnen hinein gegangen. Das macht ja wohl den Unterschied aus.

Ja, da gehört schon eine gewisse Chuzpe dazu.

Was is dat dann?

Eine gewisse Frechheit eben.

Ja, also sorry, wenn ich noch mal dazwischenfunke, aber macht ihr es euch da nicht etwas zu einfach. Wir wissen ja nicht, ob sie nicht während des Tages provoziert worden ist.

Wie soll das denn gegangen sein?

Na, du bist gut, so im Sinne von: Traust du dir in der Nacht zu uns zu kommen, obwohl es verboten ist. Du traust dich ja nicht, bist ja doch eine Memme oder irgend so etwas in der Art. Eben. Das Mädchen wird bestraft und für die Jungs ist es ein Kavaliersdelikt. So geht das doch nicht, oder nicht mehr.

Könnte was dran sein. Aber eigentlich glaube ich das in diesem Fall nicht.

Und warum nicht?

Weil es die Maria ist.

Verstehe ich nicht.

Maria kannste net provoziere. Dazu ist die viel zu stolz. Die macht, was se will. Und wenn se das machen will, dann tut sie das auch. Nein, in diesem Fall glaube ich nicht, dass es sich so verhält. In jedem anderen Fall: ja; hier nicht.

Gut, wie entscheiden wir.

Ich denke, dass wir es bei einer Verwarnung belassen sollen. Beim nächsten Mal wäre sie dann aber fällig.

Sehe ich nicht ganz so. Wir haben geschrieben, dass bei den drei Verfehlungen: Alk, Kiffen, Sex, es bei der ersten Verfehlung zu einer sofortigen Heimreise führt. Das können wir jetzt nicht einfach aushebeln.

Sehe ich auch so.

Ich nicht, man müsste es genauer abklären.

Wir müssen aber schon jetzt entscheiden. Wir haben nicht die Zeit, wie in einem Schuljahr. Wir sind hier nur eine Woche.

Stimmt auch wieder.

Gut, dann informiere ich die Pflegeeltern, es sind die Sanners, im Grunde vernünftige Leute, die müssen sie dann am Bahnhof in Köln abholen kommen. Die Jungs werden verwarnt. Sie hätten sie tatsächlich wieder in ihr Zimmer zurückschicken können, aber sie sind nicht für das Kommen von Maria verantwortlich zu machen. Ich denke, dass wir so gerecht entschieden haben.

Möchte sich noch jemand dazu äußern. – Das scheint nicht der Fall zu sein. Dann machen wir es so. Ich wünsche noch einen schönen Tag, das Wetter soll ja heute stabil sein, also läuft das geplante Programm. Viel Spaß dabei!

Montag, 18. Februar 1985, 00:08

Rosenmontag, Ausnüchterungszelle im Polizeipräsidium Köln-Innenstadt

Na, wen bringt ihr denn da?

Ach, dat Mariellchen, eine gute alte Bekannte, hat sie mal wieder über die Stränge geschlagen.

Ja, leider, leider hat sie auch noch den Wagen vollgekotzt.

Kannste alles ob dä Rechnung setze.

Das ist mir bekannt, aber es ändert nichts am Geruch.

Auch klar, seit deren Kinder weg sind, dreht die am Rad. Wo soll dat noch ende.

Ich weiß es nicht und, ehrlich gesagt, ich will es auch gar nicht wissen.

Im Grunde ist sie eine nette Person, aber wenn die Alk sieht...

Du meinst: riecht

Ja, kann auch sein, dann gibt es kein Halten mehr.

Also ab mit ihr in die Zelle, morjen früh, bekommt sie die Rechnung und kann nach Hus.

Die braucht eine Therapie, kein Kölsch

Kölsch ging ja noch, jetzt säuft se Rutwing.

Oh je, soweit is se schon. Bedauernswert. Dabei war sie mal auf der Universität, wollte Lehrerin werden.

Ja, hät se aver abjebroche. War vielleicht och besser so.

Eine Lehrerin, die immer mal wieder sturzbesoffen ist, da möchte man seine Kinder natürlich nicht in die Schule schicken.

Dat kannste laut saje. Aber wat willste mache. Sie is nu mal so und jetzt eine unserer besten Kundinnen. Schade drum.

Eben, dann doch eine Therapie.

Vielleicht, die Zigg wird et zeje.

Gut, wir rücken dann wieder aus; mal sehen, wen wir heute noch vorbeibringen. Sind ja für uns immer lohnende Tage.

Wenn du et so sehen willst. Dann stimmt dat esu. Also dann, bis die Tage

Bis die Minute, menste wohl.

Auch wieder wahr. Vielleicht sollte man den Rosenmontag nur alle zwei oder drei Jahre feiern.

Biste jeck, dat is unmöschlich!

Mittwoch, 11. Februar 1981, 13:33

Es wurde der schneereichste Winter Westeuropas im 20. Jahrhundert gemeldet.

Sitzung der drei festangestellten MitarbeiterInnen des Jugendparks im Rheinpark, Köln. Leitung: Felix, Sozialpädagogin: Heidi, Sozialpädagoge i. A.: Markus

Unsere Angebote: Café, Ferienfahrten, Freizeiten, Medien, Musik, Spiel, Sport

Die Angebote sind entsprechend des Konzeptes der Inklusion offen für Kinder und Jugendliche mit und ohne Behinderung.

Vermietbare Räume und Ausstattung: Café, Disco, Angebote der Erwachsenenbildung. Für Eltern-Kind-Gruppen, Gruppenräume für Bildungsangebote, Küche, Sporthalle/Mehrzwecksaal

Hallo zusammen. Es geht heute um die Freiwilligen, die hier bei uns regelmäßig Gruppen leiten.

Welcher Freiwillige oder welche Freiwillige ist heute Thema? Markus, du hast an der letzten Sitzung verlangt, dass wir über Maria sprechen. Warum? Leg einfach mal los.

Ja, ähm, also, ich finde es vom sozialpädagogischen Ansatz her schon etwas fragwürdig, was die Maria da mit den Jugendlichen macht.

Warum?

Ja, ähm, wie soll ich das erklären; die machen immer das Gleiche, jeden Mittwoch das gleiche Programm, machen die, ähm, immer das Gleiche. Das kann doch nicht sein, oder?

Was machen sie denn, was immer das Gleiche sein soll? Mir ist das noch gar nicht so aufgefallen, aber ich kann ja auch nicht überall sein. Aufgefallen ist mir vielmehr, dass die Jugendlichen ihrer Gruppe jeden Mittwoch vollzählig an Bord sind, das heißt, dass es quasi keine Fluktuation gibt bei ihr und dass sie sich erstaunlich friedlich verhalten. Es sind ja ausschließlich Jugendliche von der Sonderschule für Erziehungshilfe, also vom Klapperhof. Und das Alles seit Monaten, das finde ich doch schon sehr bemerkenswert. Währenddem sich andere Gruppen bereits ins Nichts verabschiedet haben und ab und an mal ein Schadensfall auf meinem Schreibtisch landet, läuft diese Gruppe ununterbrochen und dass mit einer Kontinuität, die ihresgleichen sucht. Das spricht doch in einem sehr hohen Mass für Maria, oder habe ich da etwas vergessen oder sehe ich etwa irgendetwas völlig falsch?

Ja, ähm, das schon, ähm, aber immer das Gleiche, das gleiche Programm, das geht doch nicht. Haben wir nicht auch einen erzieherischen Auftrag? Immer das, ähm, Gleiche...

Umso erstaunlicher, dass diese Kids immer wieder kommen. Wie ein Schweizer Uhrwerk. Man geht doch heute eher davon aus, dass man ihnen immer wieder neue Reize bieten muss, weil es ihnen sonst zu langweilig wird. Wohl ein Phänomen, diese Frau.

Vielleicht dürfte ich hier mal einhaken.

Heidi, ich bitte sogar darum.

Also, sie macht wirklich immer das Gleiche mit den Jugendlichen und ja, sie vergöttern sie geradezu. Aber, sie schlägt ihnen nix vor, sie haben vor Wochen gesagt, was sie machen wollen und das machen sie dann auch, Woche für Woche, ich sehe ja ab und zu mal rein. Es ist schon etwas Spezielles, was da abgeht und widerspricht jeglicher Theorie der Sozialpädagogik, da hat Markus schon recht. Aber ist es deswegen schlecht, ich denke ganz und gar nicht.

Ja, um Drei-Teufels-Namen, was machen sie denn an jedem Mittwoch-Nachmittag und dann immer wiederkehrend?

Ja, ähm, sie (Heidi:) sie machen…

He, wir können zusammen singen, bitte nur einer oder eine. Heidi, bitte du

Also, sie kommen, dann sitzen sie so herum und einer sagt, wir könnten ja pokern. Okay, sagen die anderen. Dann sagt eine andere und dann könnten wir kochen, Spaghetti. Gut, sagen die anderen. So spielt sich das ab, wie ein Ritual. Jeden Mittwoch das gleiche Spiel, die zwei gleichen Inhalte und immer als eine Frage formuliert.

Und Maria?

Sie sagt nie etwas dazu, sondern nickt nur. Irgendwie habe ich das Gefühl, sie wollen es genauso, es gibt ihnen Halt, in ihrem ohnehin oft sehr zerrütteten Leben. Es ist wie eine Oase für sie.

Vielleicht auch für Maria selber.

Ja, könnte durchaus sein. Dann kommen die Karten auf den Tisch und es wird um Pfennig-Beträge ca. 1 ½ Stunden lang gepokert.

Spielt Maria mit?

Ja. Markus, kannst du den Ablauf so bestätigen?

Ähm, ja, sicher

Und dann kommen die Spaghetti zum Zuge?

Ja, die kochen sie dann gemeinsam. Aber nicht bis al dente, sondern bis sie zu einer Pampe verkocht sind. Dann kommt noch jede Menge Ketchup dazu und dann hauen sie sich dieses Zeug rein, bis alle papp-satt sind. Gesprochen wird dabei kaum. Sie grunzen und schmatzen. Maria ist immer dabei, man kann sie kaum von der Gruppe unterscheiden. Ich war einmal bei dem Essen dabei, mir ist fast schlecht geworden. Aber es ist eindrücklich, die jungen Männer da zu beobachten.

Orale Triebbefriedigung, würde ich das benennen.

Ja, ähm, aber das ist doch nicht unser Auftrag.

Markus, das war ein Scherz. Wie geht es dann weiter?

Dann wird, mehr oder weniger, aufgeräumt und sie verschwinden, auch mehr oder weniger lautlos. Bis wieder am nächsten Mittwoch das gleiche Spiel über die Bühne geht.

Gut, gut, ich weiß Bescheid. Was ist davon zu halten?

Also ich finde, ähm, finde, pokern geht gar nicht, das ist aus sozialpädagogischer Sicht völlig abzulehnen und immer diese Teig-, ähm, warenorgie, finde ich auch nicht gut.

Also müssten wir, deiner Meinung nach, diese Gruppe, die, nolens volens, unsere erfolgreichste ist, auflösen?

Ähm, sorry, das habe ich nicht gesagt.

Was, Markus, hast du dann gesagt?

Ähm

Heidi, was meinst du?

Wenn man es von der Theorie her betrachtet, hat Markus wohl Recht. Wenn man aber einmal dabei war und diese Atmosphäre gesehen, gespürt hat, kein Streit, kein Stress, diese Ruhe, die Freude an der Gruppe, an der Gemeinschaft, auch diese Kameradschaft, wäre es ein Unding gerade diese Gruppe aufzulösen. Kann man einfach nicht machen! Mich erinnert Maria an Makarenko und sein Pädagogisches Poem in der Gorki-Kolonie.

Vielleicht etwas arg weit hergeholt, aber warum nicht. Scheint auch, nur ein bisschen so, dass du Maria etwas beneidest. Aber das gehört wohl nicht hierher.

Genau, gehört es nicht.

Also warum nicht auch etwas in der Art hier im Jugendpark im Rheinpark zu Kölle. Gut, nachdem mir die Sache klar geworden ist, denke ich, dass wir die Gruppe von Frau Maria Makarenko wohl einfach so weiterlaufen lassen können.

Ja, aber sorry, ähm, das widerspricht jeglicher erzieherischen Zielsetzung, wie sie auch in den Statuten des Jugendparks festgelegt sind.

Lieber Markus: wenn du mal eine Gruppe mit solch verhaltensauffälligen, erziehungsschwierigen, schwer erziehbaren Jugendlichen ans Laufen bringen kannst und diese dann auch noch Bestand haben sollte, können wir weiter diskutieren. Vorher nicht! Ich danke euch für die kollegiale Zusammenarbeit. Ich wünsche einen guten Nachmittag und beim Pokern erst lernt man, wie das Leben funktioniert. Aber das will ich natürlich nicht gesagt haben.

Freitag, 23. November 2018, 20:00

Die Sturmtiefs Xavier und Burgland fegten über das nördliche und östliche Mitteleuropa. Auf dem Großen St. Bernhard im Wallis (Schweiz) wurden Böen von bis zu 268 km/h gemessen.

Dienstübergabe im Frauen-Haus für nichtsesshaft lebende ältere Frauen der Heilsarmee in Köln-Longerich. Elisabeth übergibt an Gerlinde.

Hallo, war heute etwas Besonderes?

Kann man nicht sagen, business as usual. Die Maria und die Conni haben sich wieder einmal gefetzt.

Worum ging es denn dieses Mal?

Conni behauptete, Maria wolle immer etwas Besseres sein, das nerve sie gewaltig.

Und was meinte Maria dazu?

Nun, dass das eben stimme, sie wäre eben etwas Besonderes.

Diese alte Provokateurin, kann es einfach nicht lassen.

Im Esssaal haben natürlich alle gelacht und Conni hatte wieder einmal das Nachsehen. Das macht es natürlich auch nicht besser.

Ja, da hast du Recht. Aber vielleicht sollte Conni einfach mal Ruhe geben, dann muss sie sich auch nicht immer so vorführen lassen. Die kann es eben auch nicht lassen. Conni braucht Maria, um sich wieder mit ihr messen zu können.

Das Problem ist nur, dass sie immer wieder den Kürzeren zieht.

Ja, Maria ist eben einfach mal die Leaderin hier im Haus.

Wie lange ist die denn schon hier. Ich glaube, sie ist schon zu lange hier.

Wie meinst du das? Ein halbes Jahr hat das Sozialamt ja genehmigt. Du weißt ja, § 72 des Bundessozialhilfegesetzes.

Ja, ich weiß schon und gesundheitlich geht es ihr ja nicht so besonders. Vielleicht sollten wir mal mit ihr sprechen, ob sie nicht in ein Pflegezentrum umziehen sollte, für fest, meine ich.

Ja, habe ich schon so verstanden. Ist vielleicht keine schlechte Idee. Aber ich habe da meine Zweifel.

Warum?

Maria kann man nicht einsperren. Sie ist frei wie ein Vögelchen.

Vogelfrei, meinste wohl?

Ich glaube, das ist ihr Leben, so wurde sie schon geboren.

Wieso?

Sie hat keine Wurzeln, sie ist eine Epiphyt, wie eine Pflanze, die im Boden keine Wurzeln schlägt.

Schön gesagt. Aber etwas Alkohol braucht diese Pflanze aber schon auch ab und zu.

Ja, leider, aus den Akten kann man ja ersehen, dass man bereits 1985 versucht hat, sie vom Alk wegzukriegen. Vergebens, leider.

Ja, ihre Abstürze sind bekannt. Sie könnte daran zu Grunde gehen.

Brutal, aber es ist so.

Ist das der Preis für ihre Freiheit?

Vielleicht eher der Preis für ihr Leid, ihren Leidensweg, denke ich.

Auch wieder wahr. So, genug philosophiert, nun überlasse ich dir den Laden und mache mich auf die Gestopften. Wir sehen uns übermorgen wieder.

Komm gut nach Hause. Gute Nacht.

Danke.

Dienstag, 2. Juni 1959, 15:07

Auf einem öffentlichen Spielplatz in Köln-Rodenkirchen, einige Mütter im Streit

Ich habe doch genau gesehen, wie dieses Mädchen, meinen Oskar, brutal am Arm gepackt und ihn auf den Boden gedrückt hat.

Ja, das hat sie wohl, aber erst, nachdem ihr Oskar meine Leoni umgeworfen und ihr das Feuerwehrauto entrissen hat.

Das hat Oskar nie und nimmer getan.

Hat er wohl.

Entschuldigung, aber ich habe genau gesehen, wie dieser Junge, also wohl Oskar, diesem Mädchen das Auto weggenommen hat.

Er wollte vielleicht nur damit spielen und Leonie wollte ihn eben nicht mitspielen lassen.

Leoni muss auch nicht mit ihm spielen, wenn sie nicht will.

Ja, schon. Aber das Mädchen hat wirklich sehr brutal zugefasst.

Sie wollte das andere Mädchen beschützen und dem Jungen zu verstehen geben, dass das so nicht geht. Ich kenne dieses Mädchen, es wohnt da drüben bei der Großfamilie.

Ja, dann kann man wohl auch nichts anderes erwarten.

Wie meinen sie denn das. Die kümmern sich um Kinder, die es nicht so leicht gehabt haben im Leben und helfen ihnen.

Ja, das habe ich gesehen. Brutal zufassen, das lernen sie da wohl.

Nun machen sie aber einmal einen Punkt, wenn ihr Oskar ein eigenes Auto hätte, dann müsste er sich ja auch nicht bei anderen Kindern bedienen.

Das geht sie gar nichts an, Oskar hat sehr wohl Autos, viele sogar. Aber ich möchte nicht, dass er sie hierhin mitbringt. Dann werden sie eventuell sogar noch gestohlen. Vielleicht sogar von den Kindern aus dieser Familie.

Jetzt reichts mir aber wirklich, was sie hier erzählen ist wirklich Stuss. Hören sie sich auch einmal selber zu, was sie da so rauslassen. Gut, dass diese Maria, so heißt sie nämlich, ihrem Oskar mal gezeigt hat, wo seine Grenzen liegen.

Ja, das Mädchen ist schon in Ordnung. Sie wollte einfach das andere Mädchen, diese Leoni beschützen und das hat sie eben auf ihre Art du Weise getan.

Oskar, pack zusammen, wir gehen.

Auch gut. Wo ist denn diese Maria, ich würde mich gerne bei ihr bedanken.

Die ist schon lange weg.

Dienstag, 17. April 1984

Es ereignete sich das bis dahin teuerste Naturereignis in Deutschland (Schadensumme geschätzte ca. 1,5 Milliarden Euro).

Amtsgericht Köln – Familiengericht

Im Namen des Volkes/Urteil

In der Familiensache der Frau Maria xxxxxxxxxx, geborene xxxxxxxxx, Straße: xxxxxxxx, Köln; Antragstellerin,

Prozessbevollmächtigte: Rechtsanwältin xxxxxxxxxx in Köln

Gegen

Herrn xxxxxxxx, Straße: xxxxxxxxx, Köln

Hat das Amtsgericht Köln – Familiengericht – auf die mündliche Verhandlung vom 24.2.84 durch den Richter am Amtsgericht xxxxxxxxx für Recht erkannt:

Die am xxxxxxxxxx vor dem Standesbeamten in Köln-Altstadt (Heiratsregister Nr. xxxxxxxxx) geschlossene Ehe der Parteien wird geschieden.

Die Kosten des Verfahrens werden gegeneinander aufgehoben.

Tatbestand: Aus der Ehe sind zwei Kinder hervorgegangen. Seit Januar 1983 leben die Parteien getrennt. Die Antragstellerin trägt vor, die Ehe sei gescheitert. Die Antragstellerin beantragt, die Ehe zu scheiden. Der Antragsgegner stimmt der Scheidung zu.

Das Verfahren betreffend das Sorgerecht und den Versorgungsausgleich wurden gemäß § 628 ZPO abgetrennt. Wegen der weiteren Einzelheiten wird auf den Akteninhalt Bezug genommen.

Entscheidungsgründe: Der Scheidungsantrag ist gemäß § 1565 Abs. 1 BGB begründet. Die Ehe ist nach dem Ergebnis der Anhörung beider Parteien gescheitert. Die Lebensgemeinschaft der Parteien besteht nicht mehr und es kann auch nicht erwartet werden, dass die Parteien sie wiederherstellen. Beide sehen die Ehe als gescheitert an.

Die Kostenentscheidung beruht auf § 93 a ZPO.

Beglaubigt, Stempel und Unterschrift

Donnerstag, 16. Juni 1998, 17:07

Kölner Zoo, nach einer Führung

Die hät dat nit schlecht jemäht

Wat meenste?

Ja, diese Maria, mit der Führung. Dat sin doch Friwillje, die dat mache.

Wieß ich wohl. Ich han schon jesehn, wie du ihr immer in dä Uschnitt jeluurt häs. Dat macht man nit.

Ja, beruhig dich, wenn sie doch so offenherzig is. Dann kann man ja mal einen Blick riskieren, oder.

Kannste ja zu Hus och.

Dat is nit dat selbe.

Haste ihr en Trinkjeld jejeve?

Sicher dat und nicht zu knapp. Sie hät schön jestaunt.

Dafür jbst dann das Geld us?

Na ja, so schlimm war et nu och nit.

Aber von den Tiere verstand sie jet.

Ebe, dafür war ja och dat Trinkjeld. Kannse jet drinke daför.

Sie wird schon wisse, was sie drinke mag.

Nu lass diese Frau doch in Ruh. Die hät dir ja och nix jetan.

Von de Ape wusste sie ja ne jange Menge.

Ebe, dafür dass sie dat freiwillig mache dät, war dat doch sehr interessant.

Du hättst ja da iwich lurre könne.

Ja, die Ape sind interessante Tier. Dä mit de Trumm hät me jut jefalle.

Aber der Ausschnitt der Maria aber och.

Nun hör ens op damit.

Anger Lük häne ihr och janz schön Jeld jejeve.

Ja, warum denn nit. Wenn sie et jut mache tät.

Dann können mer ja nach Hus jon. Du hast ja gesehen, wat de sehen wolltest.

Witz komm herus, du bis umzingelt.

Wir könne ja noch in de Weetschaff jon und en halve Hahn verdrücke. Wat meenste?

Aber ene Besuch im Zoo macht auch durstig.

Ein, zwei Kölsch werden schon drin liege.

Okay, dann bin ich dabe.

Montag, 21. April 1969, 17:05

Kölnische Rundschau vom 21. April 1969, Bericht aus der Kreissport-Turnhalle Dieringhausen

«Judoka Maria gewinnt Landesmeisterschaft im Judo»

An den Landesmeisterschaften NRW im Judo, die dieses Jahr in Dieringhausen ausgetragen wurden, belegte die Judoka Maria bis 66 kg den ersten Platz und errang die Gold-Medaille. Die Rundschau unterhielt sich mit dem Bundestrainer für Frauen, Fritz Loppmann über die Entwicklung des Frauen-Judo in Deutschland.

Herr Loppmann, gleich zu Beginn die Frage, wie bewerten sie die Leistung von Maria?

Kurz und gut: Hervorragend! Sie hat 5 von 6 Kämpfen vorzeitig gewonnen. Das spricht für sich. Sie ist ein grosses Talent, keine Frage.

Wir fragen aber weiter: Worauf führen sie die Stärke von Maria zurück?

Sie bringt viel mit.

Was heißt das konkret? Unsere Leserschaft ist eventuell mit dieser Sportart noch nicht so vertraut.

Verstehe. Also, Maria bringt physisch viel mit. Sie ist enorm kräftig, auch schnellkräftig und das ist im Judo schon einmal die halbe Miete, möchte ich mal sagen. Dann kann sie einen Kampf lesen.

Wie soll man das verstehen?

Sie spürt intuitiv, wo die Stärken und Schwächen ihrer Gegnerin liegen. Dies kann sie dann jeweils zu ihrem eigenen Vorteil nutzen. Dat Mädsche het es im Blood.

Sie trainiert ja in Köln bei dem berühmten Judoka Hartmut Walzenmüller. Hat der nicht auch Anteil an dem Erfolg?

Das ist ganz sicher so. Die Judoschule Samurai verfügt ja mittlerweile über einen ausgezeichneten Trainerstab. Das sind alles an der Kölner Sporthochschule ausgebildete Trainer. Welcher Verein hat schon so etwas. Das ist sicher einmalig in Deutschland, auf jeden Fall in West-Deutschland.

Gut, darauf wollen wir hier nicht näher eingehen. Denken sie, dass Maria den Sprung in die Damen-Nationalmannschaft schaffen wird?

Davon bin ich überzeugt. Die Einladung für den nächsten Sichtungslehrgang habe ich ihr vorhin nach der Siegerehrung bereits überreicht.

Schön! Unterscheidet sich das Frauenjudo vom Männerjudo? Was meinen Sie dazu?

Eigentlich nicht sehr. Die Techniken sind ja die gleichen. Ein Leichtgewichtler kämpft auch anders als ein Schwergewichtler. Aber die Frauen kämpfen offensiver als die Männer. Die Männer mauern mehr; Frauen riskieren mehr.

Zum Abschluss noch die Frage. Glauben sie, dass Judo wieder olympisch werden wird?

Auch davon bin ich überzeugt. Walzenmüller hat ja 1964 in Tokyo die Silbermedaille an den Olympischen Spielen im Mittelgewicht geholt. Ein grosser Erfolg für das

Deutsche Judo. 1968 wollen die Mexikaner, aus mir nicht nachvollziehbaren Gründen, Judo nicht mehr im Programm haben. Aber 1972 in München, wird es auf jeden Fall wieder dabei sein.

Und wird Frauenjudo auch einmal olympisch sein?

Das wissen nur die Götter im Olymp.

Herr Loppmann, wir danken ihnen für das Gespräch.

Freitag, 9. März 1979, 01:25

Es ereignet sich die größte Katastrophe des Yachtsports.

Gespräch zwischen dem Geschäftsführer des Escort-Services Limited, Großraum Köln, Luigi Casatti und der soge. Ersten Kraft in Köln-Stadt 'Hot Susi'. Casatti wird nicht müde, Hot-Susi unentwegt in den Ausschnitt zu starren. Hot-Susi, die mit ihrem Namen noch nie einverstanden war, würde eigentlich lieber bei Märzenisch an der Brottheke arbeiten. Aber da würde sie, als alleinerziehende Mutter wesentlich weniger verdienen wie eben als Hot-Susi und so bleibt sie eben.

Na Susi, läuft es heiss?

Et jeht so, die Neue ist schon wieder weg.

Warum dat dann, war doch en proper Mädsche, also so wie ich es gesehen habe.

Ja, dachte ich zuerst auch. Ein Mädchen mit Erfahrung, 28 Jahre alt, wenn auch neu im Gewerbe

Wir haben alle einmal neu angefangen

Schon klar, aber überrascht war ich schon, zumal ich auch spitz gekriegt habe, dass sie verdammt scharf auf die Kohle war

Na, wer ist das nicht

Aber sie brauchte es dringender, war völlig abgebrannt, wusste nicht, wo sie morgen hinsollte

Das sind doch gute Voraussetzungen, im Grunde

Ja, jetzt is se weg

Ist denn etwas vorgefallen, was ich wissen müsste

Das weiß ich nicht, ich weiß nur, dass sich der Kunde massiv beschwert über sie

Und

Ja, was und, natürlich habe ich dann mit ihr gesprochen, sie wollte eben nicht

Was wollte sie denn nicht, geht es etwas genauer, bitte, ich verliere langsam so meine Geduld und das ist nicht gut

Ist mir bekannt, Luigi. Also der Kunde hatte ein etwas ausgefallenen Wunsch und den wollte sie nicht erfüllen. So einfach ist die chose und dann hat sie gesagt, so etwas tue sie nicht und es wäre sowieso nicht das Richtige für sie, weil sie wollte es einfach mal ausprobiert haben und sie wäre dankbar für diese Erfahrung und dann sagte sie 'Tschüss' und war dort durch die Tür und weg.

Gut, was war denn für ein Wunsch, hat sie dir das erzählt, muss ja etwas ganz Fürchterliches gewesen sein, wenn diese Dame, mit ihren Erfahrungen, den nicht erfüllen konnte

Ja, sie meinte, sie hätte schon mit über 100 Kerlen gebumst, aber so ein Quatsch wäre ihr noch nie untergekommen.

Sie sagte wirklich 'Quatsch'?

Ja, sagte sie

Und was war denn nun dieser Quatsch, man lernt ja gerne immer noch etwas dazu

Sie sollte ihn windeln.

Bitte was?

Windeln, kennste nicht, was man so mit den kleinen Babys macht

Oh, mich laust der Affe an den Eiern, kann ich sogar irgendwie verstehen, aber Geschäft is business und muss erfüllt werden, da beißt die Maus, na du weiß schon wo

Das habe ich ihr natürlich auch gesagt

Und wie hat sie darauf reagiert?

Sie meinte, das wäre ja gar nicht das eigentliche Problem, aber sie wolle mitbestimmen, was da so laufen soll, sie wäre schließlich ein freier Mensch, schon immer gewesen und werde dies auch immer bleiben. Ob mir das nun passe oder nicht, wäre ihr piep-egal

Klare Ansage, kann ich sogar auch verstehen. Diese Dame wird mir im Grunde immer sympathischer. Aber nun werde ich sie ja nie näher kennenlernen, eigentlich schade, da könnte man sich ja noch fürwahr abarbeiten, hätte seinen Reiz.

Hm

Okay, back to the Geschäftlichem. Natürlich geht es so nicht, gut im Grunde, dass sie selber die Konsequenzen gezogen hat, so müssen wir sie nicht rausschmeißen, bzw. du ihr fristlos kündigen.

Den Gedanken kam mir dann auch schon. Aber die Geschichte ist noch nicht zu Ende.

Warum?

Der Kunde macht nun auf Dicke Hose und will sein Geld zurück.

Ja, ist der denn von allen juten Jeistern verlassen. Der kann mich mal, kann ja die Kohle von Mutti holen.

Er meinte, er würde uns auch die Rechnungen von der Bastei, mit der ist er nämlich mit dieser Maria vorgängig speisen, wie er sich ausdrückte, gegangen und sie hat literweise dem Schampus zugesprochen, erst, um dann zu irgendeinem Pinot schwarz überzugehen. Er hätte da ca. 1800 Mark liegen gelassen und er wolle mindestens die Hälfte plus das Honorar für uns, also 2800 Mark zurückhaben.

Der kann mich mal am Abend besuchen kommen, dann windle ich ihn einmal, aber so, dass er die Windel fressen muss. Natürlich kriegt er nix. Hast du ihn auf die AGB aufmerksam gemacht.

Oh, nein, das hatte ich in meinem Ärger janz verjesse.

Dann hol das schleunigst nach, beziehungsweise lies diese selber noch einmal durch. Da steht nämlich schwarz ob wiß, dass der Kunde keinen Anspruch auf irgendetwas hat und damit Basta. Wenn es ihm nicht passt, dann kann er ja klagen, kannst ihm das sagen, dann würde er es mit unserem Anwalt, dem Schoschi, zu tun bekommen.

Okay

Meistens kneifen sie dann, weil es so eventuell auch seine Frau erfahren könnte, wenn dann plötzlich von unserem Rechtsverdreher Schoschi Post ins Haus flattert. So läuft es meiner Erfahrung nach immer. So jeht dat Speel, verstehste Mädschen?

Ja, ja, is ja schon jut. Also wär dat jeklärt. Aber windeln, wäre mir, ehrlich gesagt, auch nicht so angenehm gewesen, hätte mich zu sehr, an meinen Patrick erinnert, als der noch klein war, jetzt is er ja schon bald 14.

Gut. Abgeschlossen diese Geschichte und der Kunde und die Maria sind weg. Aber wir bleiben noch etwas hier und genießen die Aussicht op dä Dom.

Freitag, 22. Mai 1964, 15 09

Das Gespräch findet in dem kleinen Räumchen neben dem Schrank statt, in dem der Schulhaus-Hausmeister der Albert-Schweitzer-Realschule seine Putzmittel aufbewahrt. An dem Gespräch, das von der Vertrauenslehrerin der Klasse 7c, Frau Meyer, geleitet. Mit ihr befinden sich noch 4 Schülerinnen dieser Klasse in dem Räumchen. Frau Meyer ist bemüht, eine offene, vertrauenserweckende Atmosphäre zu kreieren. Die Mädchen kichern und albern erstmal herum.

Guten Tag Frau Meyer, guten Tag Frau Meyer, guten Tag Frau Meyer, guten Tag Frau Meyer

Guten Tag Annika, Gudrun, Judith, Hatice. Also ihr wisst, warum euch euer Klassenlehrer, der Herr Bonnewirth bei mir angemeldet hat.

Nein, Nö, weiß nicht, wieso?

Hm, ich denke ihr wisst es schon, aber das ist nicht so schlimm. Rollen wir die Sache eben noch einmal auf und klären es. Dann sind wir hier heute alle auf dem gleichen Stand. Einverstanden?

Okay, ok, warum auch nicht, is jut

Also, wer möchte etwas dazu sagen?

Ich weiß nichts, ich habe gehört, aber ich bin mir da nicht so sicher, ich denke schon, dass ..., also was ist eigentlich los?

Also ihr wisst nix, stelle ich hier fest. Das glaube ich euch nicht und das sage ich euch hier auf den Kopf zu. Also hört auf mit diesen albernen Spielchen. Das bringt uns nicht weiter. Tatsache ist, dass Franz-Gregor mit einem gebrochenen Nasenbein ins Krankenhaus musste, dass ihm fast der Arm ausgekugelt wurde und dass er sich an diesem Arm den kleinen Finger gebrochen hat. Ist das etwa nichts und kann man damit weiterhin faule Sprüche machen. Ich frage euch das?

Eigentlich kann man nicht, er ist es selber schuld, genau, ist er, er müsste ja nicht dauernd und immer wieder sone Sachen machen.

Ich freue mich, dass ihr so langsam vernünftig werdet und wir gemeinsam versuchen der Sache auf den Grund zu gehen. Schön! Also, ihr meint, so wie ich es jetzt verstanden habe, dass es um zwei Dinge geht: Erstens, Franz-Gregor ist an diesen Verletzungen selber schuld und zweitens: er tut Dinge, die er nicht tun darf oder nicht tun sollte. Sehe ich das so richtig.

Genau, genau, exakt so, so isses Frau Meyer

Gut, freut mich, dann sehen wir mal, wie wir damit weiterkommen tun. Ja? Diese zwei Dinge hängen ja zusammen. Was tut er, damit er diese Verletzungen verdient hat?

Die vier Mädchen schweigen und schauen sich gegenseitig an, dann schauen sie auf den Boden, dann wieder zur Decke, dann kurz zu Frau Meyer, dann wieder zu den Klassen-Kolleginnen usw.

Hm, so kommen wir wohl nicht weiter. Bestiehlt Franz-Gregor euch, schlägt er euch oder irgend so etwas?

Nein, nicht die Bohne, noch nie vorgekommen, nö

Also macht er etwas anderes, was er nicht tun sollte.

Alle 4 Mädchen nicken.

Ich habe natürlich keine Ahnung, wenn ich diese Sache aufklären soll, dann müsst ihr mir schon helfen. Soll ich diese Sache denn aufklären, überhaupt?

Alle 4 Mädchen nicken heftig.

A ha, das also schon auch. Aber ich muss gestehen, ich habe keine Ahnung, was dieser Franz-Gregor denn euch antun soll. Macht er das nur bei euch oder auch bei anderen Jugendlichen.

Nein, nur bei den Mädchen, ja, genau, das Schwein

Er geht also irgendwie immer nur auf Mädchen los. Kann man das so sagen?

Alle 4 Mädchen nicken sehr heftig.

Ja, aber was macht er denn mit diesen Mädchen, verdammt noch mal! Oh, Entschuldigung

Is schon gut Frau Meyer, er tatscht rum, ja, das macht er, das Schwein

Er tatscht rum. Wie muss ich das verstehen?

Oh, Frau Meyer, nun tun sie doch nicht so, kaum zu glauben, diese Frau, holy Einfalt, Frau Meyer, sie sind doch verheiratet, oder?

Nun verstehe ich gar nichts mehr. Was hat das damit zu tun, dass ich verheiratet bin? O, ich glaube ich beginne den Braten langsam zu riechen. Er begrapscht die Mädchen.

Danke Frau Meyer, sie sind eine echte Spürnase, gut gemacht Frau Meyer, gibt eine Eins, einfach Klasse, Frau Meyer

Das geht natürlich gar nicht. Macht er das oft?

In jeder Pause, vor allem vor dem Sport-Unterricht schleicht er sich auch in unsere Garderobe und so. Er greift überall hin, vor allem an den Busen, aber auch zwischen die Beine, sie wissen schon, was ich meine. Es wird immer schlimmer, das Schwein

Ich bin entsetzt. Das tut er und kein Lehrer hat bislang etwas davon gemerkt.

Nein, er ist zwar nicht der Hellste in der Klasse, aber der Schlaueste.

Das glaube ich nun wirklich.

Die anderen Jungs decken ihn auch und helfen ihm, die getrauen sich nicht, das gleiche zu tun, haben aber auch ihren Spaß daran.

Wirklich, das geht nun gar nicht. Das müssen wir unterbinden, auf jeden Fall, ich werde der Sache weiter nachgehen. Das muss sofort ein Ende haben, das verspreche ich euch.

Danke Frau Meyer, vielen Dank dafür, ich schlafe schon schlecht deswegen, ich komme schon gar nicht mehr gern zur Schule, das Schwein. So nun wissen sie auch, warum er es verdient hat, dass er so zugerichtet worden ist. Es musste ja mal etwas passieren. Die Lehrer haben ja keine Ahnung.

Ja, leider, kommt das manchmal vor. Tut mir wirklich leid. Ich werde das auch im ganzen Kollegium unserer Schule bekannt machen, damit die Lehrer auch auf so etwas ein Auge drauf werfen. Mit dem Rauchen auf dem Schulgelände hat das ja auch geklappt. Aber das ist ja schlimmer und muss sofort getoppt werden. Gar keine Frage. Aber eine Frage bleibt noch offen.

Was denn Frau Meyer, ich wüsste nicht welche, äh, wovon sprechen sie jetzt Frau Meyer, da gibt's nix mehr, Frau Meyer

Doch gibt es wohl und ihr wisst auch ganz genau, was ich meine. Aber ich kann es natürlich auch noch ausdeutschen: wer hat Franz-Gregor diese Verletzungen beigebracht?

Die vier Mädchen schweigen und schauen sich gegenseitig an, dann schauen sie auf den Boden, dann wieder zur Decke, dann kurz zu Frau Meyer, dann wieder zu den Klassen-Kolleginnen usw.

A ha, nun greift wieder das Schweigegelübde. Aber ihr müsst doch verstehen, dass so etwas auch nicht geht. Warum habt ihr nicht mit uns, oder z. B. mit mir nicht schon früher darüber gesprochen, dann wäre es gar nicht so weit gekommen.

Das ist nun aber wirklich die Höhe, Frau Meyer. Jetzt sind wir noch schuld an dem Ganzen. Jetzt hören sie aber auf, Frau Meyer, wie hätten wir denn etwas sagen sollen, sie hätten uns doch nicht geglaubt, ich hätte gar nicht darüber sprechen können, ich hätte mich geschämt, ich mich auch, verstehen sie das denn nicht, Frau Meyer?

Hm, doch eigentlich schon. Irgendwie, irgendwo habt ihr auch Recht. Ich weiß auch nicht, ob ich in eurem Alter so etwas hätte erzählen können. Gut, das waren natürlich auch noch andere Zeiten, aber egal. Den Namen muss ich trotzdem wissen.

Nein, nein, nein, nein! Den Namen erfahren sie von uns nicht, nie. Dat könnense verjessen, liebe Frau Meyer. No chance, wie der Franzose sagt, von mir erfahren sie nix. Er hat es verdient und damit Basta, jestorbe is er uf jedenfall ja nit. Also lassenses jut sin, Frau Meyer.

Verstehe schon, aber es muss ja ein Mädchen gewesen sein und dieses muss besonders kräftig sein und auch geschickt im Kämpfen und da gibt es wohl hier an unserer Schule nur eine…

Frau Meyer es hat geklingelt, wir haben Bio in der letzten Stunde. Ja, vielen Dank für das Gespräch und machen sie etwas, damit das aufhört. Tschüss Frau Meyer, war jut, dat Janze, Bis nächste Woche Frau Meyer…

Frau Meyer war in den kommenden Tagen bemüht und erreichte auch, dass Franz-Gregor die Realschule verlassen musste. Er kam an eine andere Realschule. Für das gesamte Kollegium wurde zu diesem Thema der Übergriffe eine obligatorische Weiterbildung angesetzt. Die Täterschaft, die Franz-Gregor so zugerichtet hatte, wurde nie identifiziert.

Donnerstag, 6. April 2000, 20:00

Die Philosophie der Anonymen Alkoholiker: Im Zentrum steht die Alkoholkrankheit. Die Anonymität ist das Grundprinzip der Anonymen Alkoholiker. Alter, Beruf, Konfession und Herkunft spielen innerhalb der AA-Gemeinschaft keine Rolle. Die einzige Voraussetzung für die AA-Zugehörigkeit ist der Wunsch, mit dem Trinken aufzuhören. Als trockene Alkoholiker bringen die Mitglieder der Gruppe das nötige Verständnis für „Neulinge" auf und helfen ihnen so, den Zwang zum Trinken zu durchbrechen und den Alkohol vorerst die nächsten 24 Stunden stehen zu lassen.

Guten Abend zusammen

Ich heiße Matthias und bin Alkoholiker. Ich würde gerne etwas zu Maria sagen.

Auch Guten Abend. Wir können gar nicht über Maria reden, ich habe sie noch gar nicht gesehen.

Ja, dazu wollte ich ja etwas sagen.

Ich bin Elfriede und Alkoholikerin. Dann sag doch endlich etwas.

Ja, ja. Sie würde gerne kommen, aber sie kann nicht.

Das ist ihre eigene Entscheidung. Das muss man hier nicht verkünden.

Genau, wer da ist, ist da und damit hat es sich.

Aber sie wollte, dass ich es hier sage.

Dann sag es eben endlich.

Sie war ja letzten Donnerstag hier und sie meint es wäre gut.

Na, das freut uns aber sehr.

Wieso ist sie dann nicht gekommen heute.

Sie kann nicht.

Was heißt dat dann?

Na, eben sie kann es nicht.

Können wir mit dem Quatsch endlich aufhören. Ich mag das nicht hören, dieses Zeugs.

Genau, entweder sie ist hier oder eben nicht. Ihre Entscheidung.

Warum und weshalb jemand nicht hier ist, macht keinen Unterschied dazu, warum jemand hier ist.

Sehe ich auch so.

Vergessen wir das also.

Wenn sie wieder hier ist, kann sie etwas dazu sagen. Aber sie kann es auch sein lassen.

Sehe ich auch so.

Also ich wollte davon erzählen heute, dass ich…

Mittwoch, 28. April 1982, 09:24

Auswertung der Aufnahmeprüfung an der Polizei-Ausbildungsschule in Münster (NRW).

Guten Tag liebe Kolleginnen und Kollegen, für die, die mich noch nicht so gut kenne, mein Name ist Schmitt, mit zwei T, ihr könnt mich aber auch Kalle nennen. Also beginnen wir mit Maria. Die hat für mein Dafürhalten ein sehr unausgewogenes Leistungsprofil gezeigt. Aber ich will nicht vorgreifen, immer schön der Reihe nach, wie in Paris. Kollegin Leistenbrink, ihres Zeichens Diplom-Psychologin, bitte deine Einschätzung.

Vielen Dank Kollege Schmitt, äh, Kalle. Also wir haben wir bei dieser Kandidatin durchschnittliche analytische Fähigkeiten, ihre Lernfähigkeit ist auch im Normbereich, ihr Gedächtnis ist etwas überdurchschnittlich. Sie musste ja dann noch zwei Rollenspiele machen, dies setzen wir seit neuestem ein und denken, dass diese sehr aussagekräftig sind. Es ist eine Konfliktsituation und ein Telefonanruf einer Person in Panik. Das hat sie gut gemeistert.

Besten Dank. Alles schön und gut, aber wissen hier alle, dass die Praxis ein Rollenspiel immer bei weitem übertrifft. Aber lassen wir das hier und jetzt. Das hieße also, Du würdest sie aus deiner Sicht für die Ausbildung empfehlen.

Vorbehaltlos: Ja!

Gut. Sehen wir weiter. Nur so nebenbei, ihre Unterlagen bzw. die Anforderungen, dass sie zur Prüfung zugelassen wird, hat sie erfüllt. Sie hab eine abgeschlossene Lehre, nach der Mittleren Reife, gemacht, hat noch studiert, wenn auch abgebrochen.

Was meint der Lehrer nun zu dieser Bewerberin? Wolfgang, bitte, it's your turn, go on

Thanks a lot, Kalle. Also ihre Rechtschreibung und Grammatikkenntnisse sind gut. Das Formalgespräch war auch i. O. Den kleinen Vortrag konnte ich ebenfalls mit 'gut' bewerten. War nicht berauschend, aber sie will ja auch Polizistin werden und nicht Werbe-Managerin.

Richtig. Kommt nun noch unser verehrter Doc zu Worte. Wie sieht es da aus?

Also, die polizeiärztliche Untersuchung hat ergeben, dass diese Frau top-fit ist. Seh- und Hörvermögen sind gut, ihre körperliche Fitness ist ausgezeichnet. Sie war ja in jüngeren Jahren auch Leistungssportlerin.

Was hat sie denn gemacht?

Judo

Das ist ja ausgezeichnet. Solche Leute brauchen wir. Hat sie den schwarzen Gürtel.

Ja, hat sie.

Das wird ja immer besser. Spitze. Die müssen wir einstellen. Frau Leistenbrink, sie wollen noch etwas sagen.

Ja, ich habe etwas mit mir gekämpft, ob ich es sagen soll oder nicht, weil es ja etwas außerhalb des Prüfungsrasters ist. Ich habe mit der Kandidatin auch noch etwas gesprochen, wir waren etwas zu früh dran.

Ja, so spannen sie uns doch nicht so auf die Folger. Was ist denn da noch Geheimnisvolles ans Tageslicht gekommen?

Das kann man so nicht sagen, es ist vielmehr so ein Gefühl.

Also, was sagt Ihnen ihr Gefühl, das ja wohl psychologisch geschult ist.

Ja, ich denke schon. Also, ich könnte mir vorstellen, aber wie gesagt, das hat keine Relevanz für die Prüfungsauswertung und ich habe es auch nicht schriftlich vermerkt. Aber ich könnte mir vorstellen, dass diese Person, so wie ich auch ihre Bewerbung für die Ausbildung befürworte, nicht ganz einfach zu führen sein wird.

A ha, von daher weht der Wind.

Können die anderen Kollegen diese Ansicht unterstützen, teilen, eventuell sogar belegen?

Nein

Nein, ist mir nichts dergleichen aufgefallen.

Gut, mir nämlich auch nicht. Und wenn es denn so sein sollte, werden wir die Flausen schon austreiben. Das gehört einfach dazu. Ich war im übrigen auch nicht immer einfach. Das sind nicht die Schlechtesten. Ich darf also zum Schluss kommen, dass Maria zur Grundausbildung als Polizistin zugelassen wird. Alle einverstanden. – Gut, ich stelle fest, einstimmig. Eine Judokämpferin müssen wir im Korps haben. Das bringt Leben in die Bude.

Zwei Tage später, teilt die Kandidatin Maria mit, dass sie ihre Bewerbung für die Ausbildung zur Polizistin zurückgezogen hat. Einen Grund hierfür hat sie nicht angegeben.

Samstag, 6. April 1963, 21:39

Die beiden Leiter der Heilpädagogischen Großfamilie, Ilse und Moritz Sanner, finden sich, wie jeden Samstagabend, zu einem Wochenrück- bzw. -ausblick zusammen.

Ja, Ilse, wieder eine Woche geschafft.

Genau, aber schlecht war sie doch nicht, oder?

Nein, kann man eigentlich nicht sagen. Es läuft ganz gut.

Finde ich auch.

Aber du hast da so eine Andeutung gemacht, wegen Maria und da möchte ich doch nun ganz gerne wissen, was genau dahintersteckt.

Ja, verstehe ich und es ist mir auch wichtig, dass du von meinen Gedanken Bescheid weißt.

Ist das nicht immer so?

Ilse, bitte, es ist mir wichtig.

Ich nehm dich ernst, nun aber mal raus mit der Sprache, du bist doch sonst auch nicht so schüchtern.

Ja, es fällt mir nicht ganz leicht.

Hm

Also, ich habe mir überlegt, wie es wäre, wenn wir Maria adoptieren würden. Was hältst du davon?

Wie kommst du denn auf diese Idee.

Weiss auch nicht so genau. Es war plötzlich, wie soll ich sagen, so eine Art Eingebung.

Uh, jetzt wirst du aber mystisch, ein ganz neuer Zug an dir.

Ilse bitte

Das sagtest du bereits. Also da müsste ich schon noch etwas mehr wissen, wie du auf diesen Gedanken, der mich nun wirklich völlig überrascht und erstaunt zurücklässt, gekommen bist.

Ja, eben, ich weiß es ja auch nicht so genau. Wir können ja keine Kinder kriegen, leider. Das ist ja unser altes Thema, das wir aber irgendwie abgehakt haben. Sehe ich doch richtig so, oder?

Das siehst du absolut richtig so. Das Thema ist für mich durch und wir haben unsere Kinder in unserer Heilpädagogischen Großfamilie. Die läuft, wie wir schon festgestellt haben, dafür setzen wir uns ein, mit all unseren Kräften, unserem Wissen und leben auch davon.

Stimmt alles, muss ich dir Recht geben.

Also, warum also dieser Gedanke mit einer Adoption. Was ja, soviel ich weiß, auch nicht ganz einfach ist, mit den Ämtern und so.

Ja, das ging mir auch schon durch den Kopf. Aber wäre es nicht auch schön, wenn wir ein eigenes Kind hätten. Das haben wir uns doch vor Jahren immer so sehr gewünscht.

Das haben wir. Aber es sollte nicht sein. Und ich habe das mittlerweile auch so, irgendwie, akzeptiert. Damit ist für mich diese Geschichte gelaufen und ob eine Adoption daran etwas ändern würde, also ich weiß nicht. Also eigentlich weiß ich es schon.

Was weißt du denn?

Nun tu nicht so schwerfällig, Moritz. Es würde nichts, rein gar nichts, an unserem gemeinsamen Schicksal ändern.

Es ist so und wir haben ja unsere Kinder, als Pflegeeltern eben und wir begleiten sie ein Stück ihres Lebens-Weges, wie das bei leiblichen Kindern im Grunde ja auch der Fall ist. Fertig- Schluss.

Stimmt irgendwie schon. Trotzdem kann man den Gedanken ja einmal auf sich wirken lassen.

Okay, er hat gewirkt und ich bin dagegen.

Aber betrachten wir es doch auch mal aus der Sicht von Maria. Wie wäre es denn für sie, wenn wir ihre richtigen Eltern wären?

Ich bitte dich, ihre richtigen Eltern wären wir auch dann nicht. Sie kennt ihre richtigen Eltern nicht und muss sich damit abfinden. Schon schwer genug, muss man nun diese Wunde mit einer Adoption aufreißen. Soll man es nicht so belassen, wie es ist. Realitätsbezug, so hat man das, so glaube ich mich zu erinnern, im Studium an der FH in Deutz genannt. Do you remember, my friend?

Hm, so habe ich es noch nicht gesehen. Ich dachte nur, dass doch jeder Mensch ein Recht auf ein Zuhause hat, einen Ort, an dem er hingehört. Oder sehe ich das falsch?

Nein, siehst du nicht. Aber der Begriff 'Zuhause', den du da bemühst, ist eben ein sehr schillernder. Jeder Mensch hat ein anderes Zuhause und für jeden Menschen bedeutet Zuhause-Sein etwas komplett anderes. Für Maria sind wir hier ihr Zuhause und scheinbar, fühlt sie sich ja ganz wohl bei uns.

Stimmt, entgegen ihren früheren Erfahrungen mit Pflegeeltern, die sich bereits machen musste.

Eben!

Ich habe einfach gedacht, dass...

Alles schön und gut Moritz. Aber du kannst deine Vatergefühle, die jetzt eben mit mir nicht auslebbar sind, nicht mit Hilfe von Maria kompensieren.

Brutale Analyse. Eine deiner Stärken, muss ich schon sagen.

Nun mache bitte nicht auf beleidigt, ja? Und warum wir keine Kinder bekommen können, ist ja ohnehin ein Rätsel, es kann an mir liegen, es könnte aber auch bei dir ein Knoten in der Leitung sein. Oder, cheri?

Ja, ja, ich weiß, man arbeitet ja daran, dass näher herausfinden zu wollen. Ich habe gelesen, dass man eventuell in ein paar Jahren, eine Eizelle in einer Schale mit einem Samen befruchten kann. Wahnsinnig, so etwas.

Es ist eine sogenannte Petrischale, habe ich auch gelesen. Aber das kommt für uns zu spät. Ich werde mich diesem Verfahren der In-vitro-Fertilisation nie, bzw. nicht mehr unterziehen. No hope about it.

Verstehe ich, ich möchte auch nicht mit 50 noch Vater werden.

Wir tun unser Bestes für Maria und so schlecht ist dieses Beste nun nicht und das macht mich zufrieden, und Maria wohl auch.

Hm, kann man so sehen.

Siehst du es anders?

Im Grunde eigentlich nicht.

Dann ist ja gut. Ich bin müde. Geh ins Bett, geh zur Ruh und mache meine Äuglein zu.

Stimmt, bin auch geschafft. Dann gute Nacht, Ilse. Du scharfsinnige Analytikerin.

Darauf gehe ich nun heute nicht mehr ein, du Gefühls-Moritz'chen. Schlaf gut.

Du auch.

Samstag, 22. März 1974, 09 09

AK (Arbeitskreis) der vier freien Psychotherapeuten Jonny, Mickey, Jimmy und Rocky. Die vier freiberuflich tätigen Diplom-Psychologen treffen sich regelmäßig einmal im Monat zu einer Art Supervision und berichten über ihre Fälle, ihre Sorgen und Nöte in ihrer neu erworbenen Selbstständigkeit. Sie sind alle noch mit klinischen Zusatzausbildungen beschäftigt. Dies reicht von eher analytisch ausgerichteten Therapieformen (Freud, Adler,

Jung) bis hin zu eher verhaltenstherapeutisch (Skinner) und kognitiv-verhaltenstherapeutischen Methoden (Ellis). Einige neigen auch eher zu körperorientierten Verfahren (Petzold) oder musisch ausgerichteten Verfahren (Kunst-, Musiktherapie etc.). Sie sind sich da noch nicht so einig bzw. es scheint Alles noch stark im Fluss zu sein.

Wichtig ist ihnen, dass sie nicht in einem Stellvertreter-Verhältnis arbeiten wollen. D.h. nicht ihre PatientInnen von einem Arzt bzw. Psychiater überwiesen bekommen wollen. Dies auch deshalb nicht, weil dieser ja dann auch noch mit «abkassieren» würde. Dies lehnen die Vier komplett ab. Allerdings müssen deshalb die PatientInnen das Honorar der psychotherapeutischen Sitzung vollständig selber bezahlen, weil sie es nicht mit der Kasse abrechnen können. Dies wirkt sich natürlich massiv auf die Höhe des Honorars aus und deshalb sind alle Vier gezwungen, feste Arbeitsverhältnisse einzugehen. Sei dies in einer Suchtklinik, beim Arbeitsamt, beim Schulpsychologischen Dienst oder als Taxi-Fahrer.

Hallöchen, sind wir ja vollzählig und können anfangen.

Genau

Dann tun wir das doch auch.

Habt ihr regen Zulauf bekommen im Laufe der letzten vier Wochen.

Ja, man stürmt mir die Bude ... von wegen, kein Neuzugang.

Ist bei mir ebenso. Tote Hose

Nix los. Die Leute sind nicht bereit für ihre Gesundheit zu zahlen.

Ich habe eine neue Klientin. Interessanter Fall.

Erzähl doch mal.

Wollen wir nicht erst mal eine Struktur in unsere Sitzung bringen.

Is ja jut. Also wer hat auch noch einen neuen Fall.

Ich nicht, ich auch nicht, auch nicht.

Das heißt, dein Fall bleibt als einziger übrig. Dann wäre das ja geklärt.

Also, dann beginne ich mal. Sie heißt Maria und ist 23 Jahre alt. Sie hat sich über einen Aushang von mir an der Uni gemeldet.

Interessant

Ich habe dann versucht anamnestische Daten zu sammeln. Das ist bei ihr nicht so einfach, weil sie kennt ihre Eltern nicht.

Oh, wie das denn?

Sie wurde beim Dom als Säugling abgelegt und hat dann verschiedene Stationen von Pflegeeltern durchlaufen und war einige Jahre bis zu ihrer Volljährigkeit in einer Heilpädagogischen Großfamilie. Da ist es ihr aber, wie sie sagt, gut bis sehr gut, so drückte sie sich aus, ergangen.

Spannender Fall, muss ich schon sagen.

Genau

Also ich bin dann auf die 'Big Five' näher eingegangen.

Haben wir in der Kunsttherapie nicht. Kannst du das kurz erläutern.

Gerne. Es geht um die Extraversion, um ihren Neurotizismus-Faktor, ihre Gewissenhaftigkeit, ihre Verträglichkeit und ihre Bereitschaft sich Neuem gegenüber zu öffnen.

Wie kannst du das denn erheben. Das bleibt doch alles sehr im Subjektiven hängen.

Zu gewissen Eindrücken bin ich schon gekommen. Aber natürlich handelt es sich nicht um statistische Daten.

Spielt auch keine Rolle.

Okay, was hat sich aber daraus ergeben.

Hm, da muss ich leider sagen: nicht allzu viel.

Kein Wunder. Ich bin sowieso der Meinung, dass diesen Faktoren eine viel zu große Bedeutung beigemessen wird.

Ihre Relevanz ist klein, verschwindend klein, möchte ich betonen.

Sehe ich auch so. Es ist doch die Beziehung zwischen Therapeut und Klient, hier Klientin, die zentral im Vordergrund steht. Wie bist du denn da weitergekommen?

Schwer einzuschätzen bei dieser Frau.

Warum?

Manchmal habe ich gedacht bzw. das Gefühl gehabt, wir kommen da beziehungsmäßig, weiter und dann wieder habe ich sie als extrem weit entfernt erlebt. Sehr wechselhaft das Ganze.

Nicht einfach, also.

Das kannst du laut sagen.

Wie ging's dann weiter?

Ja, ich habe dann versucht, verschiedene Faktoren zu fokussieren? So habe ich versucht, das Gespräch auf ihre Stressverarbeitung zu lenken. Da meine ich festgestellt zu haben, dass dies kein besonderes Problem für sie darstellt. Ich hatte sogar, zeitweise, den Eindruck, sie hat gar keinen Stress.

Gibt's doch nicht, d. h. sie verdrängt ihn einfach oder ignoriert ihre Impulse und das erscheint dann als eine Form der Stresslosigkeit.

Möglich, aber es ist schon so, dass sie immer sehr ruhig erscheint und sich völlig in der Kontrolle hat, ohne dass ich je mitbekommen habe, dass sie sich in irgend einer Art und Weise selbst kontrollieren muss.

Ist sie eine weibliche Form eines indischen Jogis?

Vielleicht, ich weiß es nicht. Aber es hat mir schon auch beeindruckt. Das muss ich zugestehen.

Okay, andere Frage: was sind ihre Ziele, ihre Motive, was strebt sie an, wie ist ihre Willensstruktur gepolt? Du verstehst, was ich meine?

Ja, natürlich, verstehe schon. Sie hat keine.

Was heißt das denn nun wieder?

Ich konnte keine Ziele bei ihr ausmachen. Es scheint fast so, als ob sie diese Frage gar nicht verstehen würde, als ob ich japanisch zu ihr sprechen würde, was ich ja gar nicht kann...

Also, wir halten fest, immer ruhig, immer kontrolliert, keine Impulse erkennbar, keine Ziele eruierbar,

Genau

Also sie lebt vollständig im Hier und Jetzt

Hic et nunc

Altsprachliches Gymnasium besucht, wir wissen es

Aber hat sie Bindungen. Du hast von dieser Heilpädagogischen Großfamilie gesprochen.

Ja, ich habe da mehrmals nachgehakt und sie hat bereitwillig davon erzählt. Aber eben, es ging darum, dass es ihr da gut ging. Von Bindung an eine der beiden Leitungspersonen oder an ein anderes Kind war da nie die Rede. Es ging wohl eher um ein materiell orientiertes Gut-Gehen.

Also bist du da auch nicht näher an sie herangekommen, an ihren Kern, an ihre Personalität?

Genau.

Aber lebt sie denn in einem Wolken-Kuckucksheim? Sieht sie die Welt, wie sie ist.

Ho, ho, wer kann das schon.

Beruhig dich, aber ich halte meine Frage aufrecht.

Diesen Punkt fand ich eben bei ihr besonders interessant. Sie hat nach meinem Dafürhalten einen eingeprägten Sinn für die Realität. Sie sieht die Dinge, wie sie sind. Manchmal habe ich fast gedacht, es ist so, als ob sie die Welt, Dinge, andere Menschen außerhalb ihrer selbst wahrnehmen könnte.

Ja, jetzt musst du nur noch sagen, dass sie das zweite Gesicht hat und wir eröffnen einen esoterischen Zirkel.

Wäre gar nicht schlecht, dann ginge es uns allen finanziell wesentlich besser.

Können wir bitte, sachlich bleiben.

Okay. Also ihr Realitätsbezug ist gut, stark, klar.

Könnte man so formulieren. Eine Auffälligkeit hat sich für mich von ihrer Haltung her schon ergeben.

Und das wäre?

Sie hat einen ausgeprägten Sinn für Gerechtigkeit. Dies blitzt immer mal wieder durch.

Gibt es da konkrete Anhaltspunkte, Beispiele.

Ja, woran machst du das fest?

Hm, da wird es dann schon wieder schwieriger. Beispiele habe ich keine, weil sie keine erzählt. Ihre Erzählungen sind immer in so einem Meso-Bereich angesiedelt.

Will meinen?

Ja, sie wird nie konkret, d. h. eben, sie erzählt keine konkreten Geschehnisse, Erlebnisse, Abläufe etc.; aber sie wird auch nie abstrakt und springt z. B. auf eine reflektierende, theoretisch orientierte Meta-Ebene. Ihr versteht, was ich meine?

Ich habe das schon verstanden.

Ich auch

Tönt interessant.

Ja, da hast du dir einen interessanten Fall an Land gezogen.

Ist aber schon wieder weg.

Was soll das heißen?

Sie ist nicht mehr erschienen. Wir hatten einige Termine fixiert. Eigentlich wollte sie das nicht. Sie wollte immer nur einen nächsten Termin buchen. Ich aber meinte, das wäre nicht üblich und wollte mal erst 5 und dann ein Paket von 10 Terminen schnüren. So als Arbeitsverhältnis, -bündnis, ihr versteht.

Klar

Macht man so, bilderbuchmäßig

Aber sie wollte das nicht.

Nein. Aber sie hat dann nix mehr dazu gesagt und so dachte ich, sie hätte das so akzeptiert.

Falsch gedacht

Genau.

Sie macht, was sie will.

Genau.

Sie ist frei.

Vielleicht?

Möglich?

Wir werden es nie erfahren.

Was haltet ihr von einem Kaffee-Päuschen.

Genau, haben wir uns verdient.

Ich weiß nicht so recht, aber ich bin einverstanden. Bitte nur Milch, kein Zucker.

Samstag, 23. August 1975, 13:07

An einer obligatorischen Weiterbildung für Fahrlehrer im Bezirk Köln, unterhalten sich Hannes von der Fahrschule 'Winter' in Köln-Poll mit seiner Kollegin Mareike von der Fahrschule 'Sommer' aus Köln-Nippes. Es geht um nichts Spezielles, aber wie immer sind einzelne Kunden ein immer gern gewähltes Gesprächsthema, auch um sich etwas näher zu kommen. Das Thema der Weiterbildung ist im Übrigen: Wie verhalte ich mich als Fahrlehrer mit schwieriger Klientel? Es gab keine Abmeldungen, was bedeutet, dass das Thema auf ein starkes Interesse stößt.

Von der Bild-Zeitung wurde der Sommer 1975 als einer der wärmsten Sommer überhaupt angekündigt. Es war dann aber doch nicht so extrem heiß, wie befürchtet.

Hallöchen, Mari

Mareike, wenn ich bitten dürfte.

Du darfst bitten, worum bittest du denn?

Ach Hannes, mach nicht wieder den Tünnes.

Okay, die Freude ist ganz meinerseits, MAREIKE!

Du bist mir ja auch nicht ganz unsympathisch, Hannes.

Der Morgen war doch janz interessant, oder fandest du nicht?

Doch, eigentlich schon, aber das ganze wird wieder nur aus eurer Sicht heraus, abjehandelt.

Verstehe ich jetzt nicht so janz. Wie meinste dat denn?

Ja, schwieriges Klientel, schön und jut, aber ich als Frau erlebe das anders, als wie die Männerwelt. Bei mir ist ständig eine Art Anmache am Tun, die Burschen baggern wie blöd, bei mir.

Dat kann ich jut verstehen.

Ach bitte, doch jetzt ernsthaft, sonst können wir et jleich janz lassen.

Sorry, also du meinst, dass da zu wenig aus eurer Sicht drin ist, in dem Morgen.

Janz, jenau. Ich bin ja schon froh, wenn mal ein Fahrschüler schwul ist, dann kann er sich wenigstens op de Strass konzentriere, und wir kommen gut voran.

Hm, verstehe so langsam. So habe ich das natürlich noch nie gesehen.

Kannste ja auch net. Aber ich werde mal den Vorschlag machen, dass man die Sache auch aus unserer Sicht betrachten kann, könnte, müsste, sollte.

Ja, ja, is ja jut. Aber ihr seid eben auch nur wenige. Von den circa 25 Leutchen hüg, seit ihr ja nur, so wie ich gesehen habe, nur deren vier. Und ich glaube auch nicht, dass jeweils alle dieser Vier sich dieser Anmache ausgesetzt sehen, oder.

Quatsch, wat du da wigger von dir jibst. Darum geht et ja jar nicht. Es geht um Grundsätzliches. Anmache in der Fahrschule ist ein no-go.

Oh, neudeutsch, sind wir unterwegs. Da muss ich noch einen Englisch-Kurs belegen. Aber ich denke, dass du schon recht hast. Vielleicht sollte man eben mal eine Weiterbildung nur für weibliche Fahrlehrer durchführen. Wäre dann eben nicht nur der Bezirk Köln, sondern Niederrhein oder so in der Kante.

Gute Idee, Hannes, Kompliment.

Auch ein blindes Huhn, Hahn, meine ich, findet mal einen Doppel-Korn.

Wie läuft denn dein Geschäft.

Bin ganz zufrieden. Allerdings hatte ich jetzt eine Schülerin, die in kürzester Zeit die Prüfung mit Bravour geschafft hat. Damit kann man natürlich nicht reich werden.

Erzähl

Ja, also, sie heißt Maria, ist 24 oder 25 Jahre alt und ich dachte, die hätte schon einige Schwarz-Stunden hinter sich. Aber sie hat mir hoch und heilig gesagt, dass dem nicht so wäre. Also ich habe ihr Gangschaltung, die drei Pedale erklärt, anlassen, Spiegel etc. Dann fuhr sie los, als ob sie schon immer Auto gefahren wäre. So jet han ich noch nie jesehen. Ich war platt.

Und sie sass wirklich zum ersten Mal in einer Karosse?

Ja, ich denke schon. Do steis de wie nen Ohss vörm Berch.

Das ist aber eine totale Ausnahme, oder

Ja, natürlich, die hat dat im Blood.

Wie sieht es denn mit dem Parkieren und Wenden aus?

In der dritten Stunde ist die rückwärts einparkiert, als ob sie es schon immer gemacht hätte. Ich habe Bauklötze gestaunt.

In der dritten Stunde und das ohne Hilfe?

Kurz erklärt, wann wohin gucken und ab die Post. Ohne Übertreibung, die hät et echt druff.

Sollte vielleicht sich professionell als Fahrerin bewerben.

Habe ich auch schon gedacht. Aber ich habe keinen Kontakt mehr zu ihr. Sie ist schon durch.

Wieso?

Janz einfach, nach 10 Stunden musste ich sie zur Prüfung anmelden und schwupp-di-wupp hatte sie diese bestanden. Auch der Prüfer war jeplättet und meinte, so eine Prüfung nach nur 10 Stunden hätte er in 10 Jahren als Prüfer noch nie erlebt.

Wie war die denn sonst.

Hm schwer zu sagen. Von sich aus, hat sie kaum gesprochen.

Du hast sie doch sicher mit Fragen gelöchert, so wie ich dich kenne.

Ja, aber sie war äußerst zurückhaltend, sie wollte einfach den Lappen und damit hatte es sich. Sie ging auf gar nix ein. Ich glaube, sie meinte mal, sie würde an der PH studieren

PH?

Pädagogische Hochschule

Ach so, also will sie Lehrerin werden.

Kann schon sein. Ich weiß es eben nicht. Aber 10 Stunden und dann fährt sie als wenn nix gewesen wäre. Das muss ihr erst einmal einer nachmachen.

Oder eine?

Ja, natürlich, ist mitgemeint.

Eben nicht, muss mit-genannt werden, Hannes.

Okay. Aber ich glaube die Pause ist vorbei, es geht weiter.

War doch nett, wieder einmal miteinander geplaudert zu haben.

Sehe ich auch so, Mari

MAREIKE, bitte!

Du hast das letzte Wort.

TEIL 2

1951

Erlauben Sie, dass ich mich kurz vorstelle. Mein Name ist Waltraud Salzgeber. Aber das tut im Grunde nichts zur Sache. Ich habe Maria gut gekannt, sehr gut sogar. Ich habe sie quasi verfolgt, habe sie begleitet, sie geschmeckt und gerochen. Trotzdem würde ich mich nie als eine Stalkerin bezeichnen, weil sie wusste nichts davon. Ich habe alle ihre Schritte auf das Genaueste beobachtet und nicht selten, war auch ich sehr irritiert. Nicht so sehr, wohin ihr Weg sie führte oder vielleicht auch wohin sie sich selbst geführt hat. Wer kann das schon so genau von sich sagen. Die Wege des Herrn, sofern man ihn für sich konstruiert hat, sind ja bekanntlich nur schwer ergründlich. Wenn man das mal so positiv formulieren darf. Darf ich hier alles sagen, oder muss es streng gerechtfertigt sein? Aber Wahrheit und Wissen sind hier für mich nicht so relevant, nicht allein-entscheidend. Diese beiden hohen Begriffe grenze ich von der Rechtfertigung ab. Also, ich muss nicht alles genauestens wissen und oft weiß ich nicht, ob es der Wahrheit entspricht, aber ich äußere mich nur dazu, was ich selber als gerechtfertigt betrachte. Unter dieser Rechtfertigung, das muss hier klar benannt werden, verstehe ich, dass ich dazu gute Gründe habe. Nicht mehr, aber sicher auch nicht weniger. Ich werde mich demnach hüten, ungerechtfertigte und verantwortungslose Aussagen zu tätigen.

7. März 1952

Es war und das darf man hier zu Beginn ohne Weiteres festhalten, kein einfacher Weg, er war steinig und nicht leicht, wie es ja in dem ehemaligen Hit (Naidoo) schon heißt. Aber Maria ist ihn gegangen, auch wenn wir hier noch ganz am Anfang stehen und hören nur leise das Geläut des Domes, ihre Geburtsstätte. Aber kaum war sie geboren und hat den sie schützenden Uterus verlassen, in Eile herausgepresst, wurde sie auch schon wieder verlassen und hatte nur noch sich selbst. Sich-Selbst bis an ihr Ende. Ob sie sich selbst irgendeinmal selbst gefunden hat? Wer weiss das schon, weiss das schon bei einem anderen Menschen, geschweige denn bei sich selbst. Man lebt, die Uhr tickt und eines Tages bleibt sie einfach stehen. Nobody knows. Aber so ist es, seit Menschengedenken und die Menschen denken nicht allzu oft daran. Warum auch? Es würde die üblichen, normalen Gedanken, den Gedankenstrom, was immer darunter zu verstehen ist, nur stören. Das Denken eventuell sogar massiv tangieren. Und das wollen wir wohl alle nicht. Also begeben wir uns, gemeinsam mit Maria, auf ihre Lebensreise. Sie dauerte eine ganze Zeit lang, ob ihr diese lang oder eher kurz vorgekommen ist, wissen wir nicht. D.h., ich weiss es nicht. Vieles von ihr, das muss ich hier schon auch einmal kurz zugeben, weiss ich nicht. Ich habe also eher nur ein Lebensskelett vor mir, an dem hie und da ein Fetz'chen Fleisch hängt, es können auch Sehnen oder Innereien sein, auch das ist mir nicht klar.

20. August 1953

Aber die Zeit, die ewig sich auflösende, ins Nichts sich hineinfressende Zeit, die habe ich und sie leitet mich; Irrtum ausgeschlossen, denn Zeit kann man messen, wie man kaum etwas anderes zu messen in der Lage ist. Sie geht nicht nach links oder nach rechts, hoch oder hinunter, sie ist einfach und geht unbeirrt, sich sagte es bereits, ihren Weg. So ging auch Maria durch ihr Leben. Ob immer 'unbeirrt', lassen wir hier einfach mal so stehen. Im Leben sind Irrtümer vorprogrammiert: humanum errare est, wie der Anglizist ja gern zu sagen pflegt(e). Also: let the play start. Viel Vergnügen, sagt der Zirkus-Direktor und gibt die Manege frei. Nur leider sind heute fast keine Zuschauer anwesend. Aber das tut der Aufführung keinen Abbruch. Warum auch? Das Spiel des Lebens geht über die Bühne, mit oder ohne Spektakel bzw. diesem beiwohnenden Zuschauern.

10. November 1954

Vielleicht wird Maria ihren Weg gehen. Unbeugsam und stets in eine, die gleiche Richtung. Ob ihr dies allerdings selbst immer bewusst sein wird, wird man nicht wissen, nicht wissen können. Es gibt keine Belege dafür. Aufgeschrieben hat sie ohnehin nie etwas. Ihr Verhältnis zur Sprache, geschweige denn zur geschriebenen Sprache, war ohnehin immer, gelinde gesagt, eher zurückhaltend, wenn nicht sogar abweisend. Die Tat war stets ihr Ding. Kein Verlass auf Worte, ihre Devise. Natürlich brauchte auch sie andere Menschen, auch sie gehörte zur sozialen Population des homo sapiens sapiens. Aber sie kümmerte sich kaum darum. Sie benötigte andere Menschen, um ihre persönlichen Bedürfnisse befriedigen zu können. Waren diese gestillt, ging sie weiter. Kann man sie als eine Art Autistin bezeichnen? Ich weiß es nicht. Was ist schon Autismus? Eine besondere Verhaltensform, die aber in ihrer Ausprägung extrem unterschiedlich ist. Was soll man also damit anfangen, wenn Menschen, denen man dieses Syndrom zumisst, zugesteht oder aufoktroyiert, entweder schwer geistig behindert oder auch hoch-begabt sein können. Damit ist kein Staat bzw. keine vernünftige Kennzeichnung möglich. Wir können es hier also lassen und solche Zuschreibungen auf den Müll sonderpädagogischer Halden schmeißen. Hilft nix, bringt nix. Tatsache ist aber, dass Maria keine Wurzeln hatte. Abgelegt bei Gott bzw. seinem großen Haus, kennt sie ihre Herkunft nicht. Sie fällt quasi vom Himmel. Kommen da nicht die Engel her? Ob diese Einsicht weiterhilft? Wohl kaum. Auffällig ist eher, dass es keine Anzeichen, Anfragen und dergleichen mehr, von ihr gibt, nach denen sie versucht hatte, ihre Herkunft zu eruieren. War ihr diese egal? Auch das weiß man nicht. Sie ist einfach und lebt ihr Leben. Andererseits kennen wir natürlich die Erkenntnisse aus der Sozialisationsforschung, die besagen, dass es eben schon nicht schlecht wäre, wenn man etwas über seine Herkunft, seinen familiären Hintergrund, seinen Lebens-Kontext, wie es ja so schön heißt, kennen würde. Maria kennt ihn nicht und so scheint es, hat sich auch nie dafür interessiert. Man ist geneigt zu fragen: Warum nicht? Warum eigentlich nicht? Aber eben, wie gesagt: Sie wird vielleicht gerade deshalb ihren Weg gehen, ihren eigenen.

7. Januar 1955

Aber noch einmal zurück zur Sozialisationsforschung; könnte es nicht sein, dass ihre Entstehung, ihre doch eigenartige Geburt und das Darauf-Angewiesen-Sein, von irgendwelchen Leuten aufgenommen zu werden, doch auch seine Wirkung gezeigt, eventuell sogar Schäden in ihrer Persönlichkeitsentwicklung verursacht hat? Große Fragen, ich weiß. Aber darf man sie hier etwa nicht stellen? Ich denke schon, obwohl ich weiß, dass deren Beantwortung in den Sternen steht. Ist dann eventuell ihre Antwort in den Fragen versteckt, was natürlich keiner wissenschaftlichen Forschung standhalten würde. Aber diese ist hier ja nicht gefragt. Es sind einfach Fragen, die sich in dieser Form aufdrängen. Aber es ist dennoch zu fragen: Wenn wir sie beantworten könnten, wem wäre dann geholfen? Ihr, mir, uns? Eher doch weniger. Also können wir es genauso gut auch sein lassen. Und trotzdem bleibt ein Stachel, nämlich der, wie lebt ein Mensch, der nicht weiß, wo er herkommt. Anders formuliert, welche Auswirkungen hat es auf die Entwicklung eines Menschen, auf seine psychische Stabilität, sein Gemüt, ein alter Ausdruck, ich weiß, wenn er nicht weiß, das ist meine Mutter bzw. diese hat für mich ein Ei abgegeben und das ist mein Vater, der irgendeinen Samen dazu gegeben hat und bei der Verschmelzung war ich da und wurde dann auch noch geboren, Details lassen wir hier mal weg, und dann kam ich in die Obhut dieser beiden Menschen. Das ist ja in der Regel auch so die Regel. Nicht so bei Maria, wie wir ja hinlänglich wissen und ihre Startbedingungen bereits kennengelernt haben. Andererseits ist natürlich zu fragen, dass die Umstände, wie jemand ins Leben geworfen wird, immer sehr unterschiedlich und im Grunde nie zu vergleichen sind. Auch wenn das Hineintreten, das Hinein-geschleust-werden in die Welt, einer allgemein gültigen Regel entsprach, ist es verschieden, unterschiedlich, sogar innerhalb der gleichen Kultur. Also, so kann man weiter folgern, sollte der Beginn der Existenz von Maria so etwas Besonderes sein, dass man dann davon Weiß-Gott-Was ableiten könnten sollte. Man kann nicht und man sollte auch nicht, so meine Meinung hierzu.

27. August 1956

Man verstehe mich an dieser Stelle korrekt. Ich meine nicht, dass man sich nicht mit dem Dasein und seinem Beginn bei Maria nicht auseinandersetzen sollte, aber man sollte nicht versuchen, irgendwelche Eigenheiten, Besonderheiten und dergleichen mehr, hineinzuinterpretieren. Unabhängig davon, dass es auch nichts bringen würde. Die Umstände waren schon etwas speziell, aber damit hat es sich dann auch.

12. November 1956

Der Mensch hat ja die Gabe, wertneutral betrachtet, gut oder böse zu sein. Hier habe ich mich dann manchmal schon auch gefragt, ob Maria ein guter oder weniger guter Mensch ist oder gewesen ist. Natürlich eine sehr schwierige Frage und woran misst man das überhaupt? Anders gefragt: Hat Maria das moralische Gesetz, d. h.

ein guter Charakter zu sein, erfüllt oder hat sie sich ausschließlich nach ihrem Begehrungsvermögen orientiert? Anders formuliert: Hat sie sich jeweils pflichtgemäß, d. h. dem moralischen Gesetz gehorchend, verhalten? Dies stellt ja – bekanntlich – ein Imperativ dar und daraus ergeben sich die objektiven Gesetze der Vernunft. Diese Handlungsregeln, die vernünftig sind und für alle vernünftigen Wesen als solche erkennbar sind, haben objektive Gültigkeit. Sie würden also auch für Maria gelten. War dem so, diese Frage habe ich mir des Öfteren gestellt. Die Adressaten dieser Gesetze sind ja sinnliche und vernünftige Wesen, welche diesen Gesetzen nicht von Natur aus, also instinktiv, folgen. Deswegen geht man ja auch davon aus, die erwähnten Imperative einen Sollenscharakter haben und deswegen bedeuten sie für die Adressaten eine Nötigung. Von daher kann gefolgert werden, dass der Mensch von Natur her empfänglich ist für das moralische Gesetz. Wie er sich dann entscheidet, ob gut oder böse, ist dann eine andere Frage. Wie verhält es sich bei Maria? Ich blicke jetzt hier in die Zukunft, das ist mir schon klar. Aber es lässt sich ja nicht leugnen, dass die Verhaltensweisen von Maria oft sehr stark von eigennützigen Motiven geleitet zu sein schienen. Oder habe ich da etwas übersehen? Ihre Neigung zum Genuss ist ja unübersehbar. Man könnte für sie anwaltschaftlich ins Felde führen, dass auch Maria nur ein Mensch und damit schwächlich, moralisch gebrechlich ist. Auch ihre Verderbtheit, ihr selbstzerstörerisches Verhalten mag man hier ins Felde führen. Sie hat sich auch des Öfteren unlauter verhalten. Wenn es ihr nicht gepasst hat, ist sie einfach weitergezogen. Ob es für sie immer 'einfach' war, wissen wir allerdings nicht.

Wie sagt doch schon der Volksmund, der ja immer und überall etwas zu sagen hat: Der Geist ist willig, doch das Fleisch ist schwach. Ein Satz, so meine ich, der eigens für Maria hätte erfunden sein können.

3. April 1957

Also noch einmal: Ist Maria ein sittlich guter Mensch, der allein nach dem moralischen Gesetz in ihr selbst, gelebt hat? Diese Frage ist wirklich schwierig zu beantworten, weil sich die Persönlichkeit von Maria als durchaus nur schillernd beschreiben lässt. Zu ihren Gunsten kann aber auch darauf rekurriert werden, dass sie sich stets für die Gerechtigkeit eingesetzt hat. Auch die Freiheit als solche, war für sie wohl ein sehr wichtiges Gut. Dies könnte uns in der momentanen Betrachtung zur Willensfreiheit von Maria führen. Man sagt ja auch: Wir müssen glauben, dass wir können, was wir sollen. War das eventuell Marias Motto? Wer kann das heute noch entscheiden? Ich auf jeden Fall hier nicht. Die Sache bzw. die Person scheint mir zu vertrackt zu sein. Festhalten kann man, dass Maria relativ stark nach ihren Triebfedern der Sinnlichkeit ihr Leben ausgerichtet hat. Aber wie bereits erläutert, war ihr Gerechtigkeit und Freiheit immer stets ein sehr wichtiges Anliegen. So könnte es sein, dass sich Maria in diesen beiden Extremen, das moralische Gesetz zum einen, dem sie sich verpflichtet fühlt, sowie den niederen Triebfedern ausgeliefert, andererseits, in einem unentwirrbaren Netz, einem Geflecht von Widersprüchen gefangen sah. Die beiden hier nur kurz skizzierten Charaktereigenschaften von Maria, schließen sich im Grunde aber gegenseitig aus und würde zu einer Handlungsunfähigkeit führen. Maria hat somit ihre Willensfreiheit missbraucht und das nicht selten. Trotzdem bin ich geneigt zu sagen, dass sie ein guter Mensch ist. Es ist mir deshalb nicht möglich, hier ein klares, geschweige denn abschließendes Urteil über sie zu fällen. Dies wiederum bringt mich zur Frage, ob ich denn überhaupt das Recht habe, über sie zu urteilen und ob es nicht reichlich vermessen ist von mir, mich überhaupt auf solche Gedankengänge eingelassen zu haben. Wo bleibt da mein moralisches Gesetz? Aber wie gesagt: vertrackt.

2. Januar 1959

Manchmal, nicht oft, aber irgendwie doch immer wieder, kam es mir so vor, als ob man bei Maria an ihrer Urteilsfähigkeit zweifeln müsste. Wäre es für sie manchmal, an einigen Wegstrecken, besser: Weggabelungen, besser gewesen, sie wäre a) geblieben oder b) hätte die andere Richtung eingeschlagen. Es geht dabei natürlich immer um die zeitliche und/oder sachliche Relativität. Gut, man sagt ja: hätte, hätte, Fahrradkette. Das ist schon klar und retrospektiv bringt das Gejammer eh nix. Auch geschenkt. Es ist ja alles relativ. Das Leben verhält sich kontingent. Hätte sie die eine oder andere Entscheidung anders getroffen, wäre es vielleicht in ihrem weiteren Leben noch schlechter gekommen. Das meinte ich mit 'relativ'. Und was heißt denn schon urteilsfähig? Ich tue hier ja gerade so, als ob diese Fähigkeit immer klipp und klar zu bestimmen wäre, so im Sinne, dass hier auf dem

Tisch ein Brot liegt. Entweder es liegt hier ein Brot, oder es liegt eben keines. Dieses Urteil über den Verbleib dieses Brotes kann nur klar und eindeutig sein. Aber ist das Leben ein Brot? Dass man entweder urteilsfähig bezüglich seines eigenen Handelns ist oder nicht, kann nie klar bestimmt werden. In einer Situation bin ich es, in einer anderen weniger und einer dritten kommt es noch unterschiedlicher daher. Da hängen auch noch eine Reihe anderer Faktoren mit drin, wie z. B., welche Person hat mich wann, wie beeinflusst. Okay, da gehe ich vielleicht zu stark von mir selber aus, denn wir wissen ja, dass Maria sich kaum oder nur wenig, auch das ist nicht so klar auszumachen, von außen, von anderen Menschen sich beeinflussen ließ. Von außen sieht es ja bei ihr so aus, dass sie ihren eigenen Weg ging. Also verfügte sie über ein hohes Mass an Autonomie. Ist hier vielleicht diese Autonomie der Gegenspieler der Urteilsfähigkeit? Schwierig, schwierig ... Man könnte andersherum natürlich auch fragen, ob sie immer vernunftgemäß gehandelt hat? Dies muss man denn eher verneinen, jedenfalls, wenn man es als Außenstehender zu beurteilen hätte. Aber schon wieder dieses 'hätte', was einfach nichts bringt. Dreh ich mich da vielleicht im Kreis?

23. März 1961

Wir können aber festhalten, dass sie sich ihre Autonomie von Anfang bis zum Schluss erhalten hat. Oder zweifle ich auch daran. Sex und Alk spielen ja in ihrem Leben eine prominente Rolle; wenn man dem hier so sagen darf. Das heißt, wir müssen schon ehrlich sein und festhalten, dass es sich hier um Abhängigkeiten handelt, die ja, bekanntermaßen, die Autonomie einschränken. Aber ist es nicht immer ihre eigene Entscheidung gewesen, Sex und Alk zu konsumieren. Sie hätte es ja auch lassen können. Hätte sie es? Damit wären wir wieder bei ihrer Urteilskompetenz angelangt. Man ist ja geneigt, ihr zu unterstellen, dass sie eher von ihrem Bauchgefühl geleitet worden ist und man von einer relationalen Autonomie bei Maria sprechen muss. Man hat ihr ja diverse Türen geöffnet und durch manche ist sie ja dann tatsächlich auch gegangen, wenn vielleicht auch nur eine bestimmte Zeit lang. Dann ist sie immer wieder an einen anderen Ort gegangen. Dies kann man als eine contradictio in adjecto verstehen. Ihre Konstante war die ständige Veränderung. Daraus kann sehr wohl geschlossen werden, dass Maria, urteilsfähig wie sie nun auch war, jeweils eine Kosten-Nutzen-Abwägung vorgenommen hat. Nur darüber gesprochen hat sie wohl nie und mit niemandem. Wenn wir jemandem helfen wollen, müssen wir zuerst einmal herausfinden, wie es dem Anderen geht. Wenn das nicht, funktioniert, weil der Andere sich dem immer entzieht, sei es innerlich, sei durch ein räumliches Verschwinden, ist es eine Illusion, man könnte einem anderen Menschen helfen. Jemandem zu helfen impliziert, dass man mehr versteht als der andere, aber zuerst müssen wir verstehen, was der andere versteht. (Søren Kierkegaard 1849). Es hat ja eine Reihe von Menschen gegeben, die ihr geholfen hätten, aber dann hätten sie Maria besser kennen müssen, hätten wenigstens einen Blick in ihre Seele werfen dürfen, müssen und, so scheint, dies hat sie nie zugelassen. Dieses Tor war, von Anfang an, zu. Dies gilt es zu respektieren, während ihres Lebens, wie aber auch nach ihrem Tode. Was von ihr zu verstehen ist, ist zum einen ihre Nichtsesshaftigkeit, sowie ihre Bedürfnisse nach Sex und Alk und diese hat sie sich nie nehmen lassen, wobei dem Alk vermutlich noch die grössere Bedeutung beizumessen ist. So könnte man den Eindruck gewinnen. Aber ich würde mich hier nicht so sehr aus dem Fenster lehnen wollen.

15. Mai 1962

Wie alle Menschen hat natürlich auch Maria das Recht, Angenehmes in ihrem Leben zu mehren und Unangenehmes zu vermeiden. Auch die Erwartungen eines unangenehmen Ereignisses löst Furcht aus, man ist versucht, dies zu vermeiden. Es könnte sein, dass dies bei Maria jeweils besonders viel Furcht ausgelöst hat. Nämlich die Angst davor, dass Unangenehmes auf sie zukommen könnte. Dies könnte ein Erklärungsansatz dafür sein, dass sie immer wieder an andere Orte gegangen ist. Aber hat sie damit ihre Furcht bezwingen können. Wohl eher nicht. Aber man könnte schon sagen, dass Maria eher ein ängstlicher Mensch ist. Ihr Problemlöseverhalten hat sie aber immer wieder in ähnliche, vergleichbare Situationen geführt, egal wo sie sich aufgehalten hat. Deshalb ist es wohl nicht allzu weit hergeholt, wenn man unterstellt, dass sich ihre Armut, ihr Getrieben sein, ihre Laster, sie nicht zu einem sehr glücklichen Menschen gemacht haben. Muss man deshalb mit ihr Mitleid empfinden? Aber ist Glück nicht ein sehr trügerischer Schein, irreal, der Phantasie verpflichtet? Und so können wir mit Kant fragen: 1. Was kann ich wissen? 2. Was soll ich tun? 3.

Was darf ich hoffen? und 4. Was ist der Mensch? Könnte Maria, wenn man sie am Ende ihres Lebens fragen würde, eine dieser Fragen beantworten? Das ist natürlich hier von mir hypothetisch gemeint. Es ist ja nicht so, dass sich Maria mit solchen Fragen je auseinandergesetzt hätte. Das ist wohl sicher so. Es gibt keine Belege, die für das Gegenteil sprechen würden. Sie war eine Frau der Tat, der Handlung, über Reflektionen ist wirklich nichts bekannt. Neugierde kann man ihr aber nicht absprechen. Sie wollte das Leben ergründen, wollte vielleicht sogar zu sich selber vorstoßen. Ob ihr das gelungen ist, vermag ich nicht zu sagen und urteilen will ich hier schon gar nicht. Aber anders gefragt, könnte man sich auch fragen, sich wundern, ob sie sich selbst, zu sich selbst gefunden hat?

23. März 1963

Natürlich kann man sich auch die Frage stellen, was nun bei Maria wahr und was nicht wahr gewesen ist. Beweisen lässt sich ja nichts. Aber es wäre schon interessant zu wissen (warum eigentlich?), was nun der Wahrheit in ihrem Leben entspricht und was weniger oder gar nicht. Wie gesagt: Überprüfungsmöglichkeiten stehen uns nicht zur Verfügung. Man kann das Leben nicht zurückdrehen, auch wenn man es könnte, wäre immer noch die Frage der Perspektive offen. Es gibt ja diesen berühmten japanischen Film Rashomon (Akiro Kurasawa), bei dem ein Tatvorgang aus vier verschiedenen Perspektiven dargestellt wird. So in etwa empfinde ich das Leben von Maria. Aber ihr Leben ist kein Film und deshalb kommen wir auch mit vier unterschiedlichen Wahrnehmungen nicht aus. Es sind deren unzählige. Festhalten kann man, davon bin ich überzeugt, dass Maria nie gelogen hat. Lügen passt einfach nicht zu ihr, zu ihrer Gradlinigkeit, zu ihrer Kompromisslosigkeit oder zu ihrem Starrsinn, je nachdem, wie man es eben deuten möchte. Eher geht sie aus einer Situation heraus, auch wenn es ihr zu ihrem eigenen Nachteil gereicht, als dass sie lügt. Das muss wohl auch mit ihrem, vielleicht sogar übersteigerten Gerechtigkeitsgefühl zusammenhänge. Dabei geht es nicht um eine einzelne Handlung, sondern um ihre Beziehung zu den um sie herum sich befindlichen Menschen. Vielleicht war sie davon überzeugt, dass das Lügen eine größtmögliche Distanz zwischen Menschen schafft, und das war ihr wohl stets zuwider. Sie brauchte ja immer wieder auch die Nähe zu anderen Menschen, aus welchen Gründen auch immer. Aber eine Eremitin, die die totale Einsamkeit sucht, ist sie nicht, nie gewesen.

6. April 1963

Auch die gesellschaftlich anerkannte Form der Irreführung, die ja bekanntlich als ethisch weniger schwerwiegend taxiert wird als das Lügen, war für Maria nie eine Option. Diskretion, Pietät, Höflichkeit aus Rücksichtnahme auf ein anderes Individuum, wäre ihr als Verrat an demselben vorgekommen. Dann lieber gar nichts sagen, auch auf die Gefahr hin, dass man aus dem Felde gehen, d. h. verschwinden muss. Bewusstes Irreführen oder Lügen bedeutet ja, dass man die Kontrolle über einen anderen Menschen hat. Dieser wird bewusst im Dunkeln stehen gelassen und das wäre für Maria nie akzeptabel gewesen. Davon ist auszugehen. Wer jemanden anlügt, der zerstört das Vertrauen, ohne dass ein soziales Leben nicht möglich ist. Lügen trennt, weil man täuscht. Es könnte natürlich auch sein, dass Maria nie Lügen gelernt hat. Es ist ein Wesenszug, der ihr von Geburt an fremd geblieben ist. Es ist mir nicht bekannt, ob Maria den Film von Kurosawa je gesehen hat.

22. Mai 1964

Hat Maria unter einem Röhrenblick gelitten. Will sagen, war sie, was man auf Grund ihrer Lebenssituation durchaus auch in Betracht ziehen kann, suizidgefährdet? Diese Frage habe ich mir ab und an mal gestellt. Könnte ja sein, sie hat ja mit ihrem Leben, so kann man es als Außenstehender durchaus betrachten, ja nicht das große Los gezogen. Wer wollte das bestreiten? Kommt hinzu, dass sie, wie bereits hier festgestellt wurde, ein grosses Bedürfnis nach Autonomie hatte. Wenn man nun Eins und Eins zusammenzählt, könnte man schon auf die Idee kommen, ob sie nicht an ihrem Schicksal auch verzweifelt ist? Suizid als ein Ausdruck grösster Verzweiflung, lebenssatt zu sein oder vom Leben nichts Angenehmes mehr erwarten zu können. Viele Menschen in unserer Gesellschaft wählen diesen Weg. Dabei rede ich hier nicht von einem assistierten Suizid. Aber auch von einem Suizid-Versuch ist uns bei Maria nichts bekannt geworden. Allerdings könnte man natürlich ihre Alk-Abstürze hierunter verbuchen. Mit ihrem Körper ist sie wohl nicht immer sehr sorgfältig umgegangen. Auch ihre sportlichen Aktivitäten in jungen Jahren legen hiervor beredtes Zeugnis ab. Aber es scheint doch so, als ob eine innere Kraft sie immer wieder hat durchhalten lassen. Auch ihr nichtsesshaft geführtes Leben, das sie einige Zeit gelebt hat, wenn man das überhaupt so sagen kann, trägt ja bekanntermaßen nicht zu einem physischen und psychischen Wohlbefinden bei. Außerdem gehören Alkohol und andere Drogen und eine nichtsesshafte Lebensweise untrennbar zusammen. Dass sie sich selbst geritzt hat, ist nichts bekannt. Das könnte allerdings auch damit zusammenhängen, dass sie Gnade der frühen Geburt für sich in Anspruch nehmen konnte, weil zu ihrer Jugendzeit dieses Phänomen noch nicht oder kaum bekannt war. Ähnlich verhält es sich mit möglichen Tätowierungen. Davon ist mir nichts bekannt. Dito: Piercings. Von daher hat sich Maria ihre Selbstwirksamkeit durch ihre Jahre immer wieder erhalten können. Wie sie das allerdings geschafft hat, ist mir ein Rätsel und je mehr ich mich mit ihr und ihrem curriculum vitae beschäftigt habe, desto größer ist mir dieses Rätsel geblieben. Irgendwie und irgendwo muss sie für sich ein Reservoir von Problemlösefertigkeiten gehabt haben, aus dem sie immer wieder schöpfen konnte. Der Suizid oder starke Depressionen scheinen, so macht es auf jeden Fall von außen den Anschein, gehör(t)en nicht dazu. Dies ist deshalb umso erstaunlicher, weil sie sich nie um Hilfe oder Unterstützung gekümmert hat. Im Gegenteil, sie hat diese sogar abgelehnt und wenn ihr das Hilfssystem zu sehr auf die Pelle gerückt ist, hat sie dieses fluchtartig verlassen. Sie war sich selbst genug. Sie war demnach durchaus immer in der Lage, für sich selber zu entscheiden, um ihre eigenen Interessen wahrzunehmen. Dabei hat sie durchaus auch für sie weniger angenehme Konsequenzen ertragen. Die Beispiele hierfür sind bekannt.

9. Februar 1965

Ich habe mich manchmal gefragt, ob irgendjemand oder die Gesellschaft Maria gegenüber einer Fürsorgepflicht gehabt hat. Da kann man wohl festhalten, dass der Staat, als sie noch ein Kind war, für sie gesorgt hat. Über die Qualität dabei, kann man sicherlich streiten. Aber: tempi passati. Was vorbei ist vorbei und es hat sich ja auch zum Guten gewendet. Aber hätte es vielleicht nicht auch eine Person geben können, die sich ihrer hätte annehmen können. Begegnungen hatte sie ja in ihrem Leben zuhauf. Kommt dazu, dass sie auch verheiratet war. Aber darüber weiß man nicht viel. Wäre das nicht zu viel verlangt gewesen, wenn sie Hilfe, Unterstützung angenommen hätte? Aber es kann ja auch nicht sein, dass man ihr, wer auch immer, Hilfe, Unterstützung aufoktroyierte. Da wäre man wohl an die falsche Adresse gelangt. Angebote in ihrem Leben, gab es mehrere, immer wieder. Sie hat sie alle ausgeschlagen. Also gilt es wohl, als ethisches Gebot, diese Haltung zu respektieren. Niemand kann zu seinem Glück gezwungen werden, weil es sich dann auch nicht mehr um sein Glück handeln würde. Eine paternalistische Haltung, die man Maria gegenüber durchaus als vorstellbar erklären könnte, würde ich, trotz allem, ablehnen. Also, worin besteht das Problem? Man muss sich als Außenstehender vor einem negativen

Identitätsvorurteil hüten. Natürlich war Maria marginalisiert und das fordert die eigene Empathie, die Fürsorge, ja die Pflicht zur Fürsorge geradezu heraus. Aber kann man sie deshalb als Opfer ansehen? Teils: Ja; teils: Nein. Sie hat sich die Nischen, die unsere moderne Gesellschaft immer noch zu bieten in der Lage ist, stets für sich ausnutzen können. Dass diese Nischen nicht mit einem Honig-Schlecken verwechselt werden dürfen, ist klar. Aber an dieser Stelle kommen wir wieder einmal zum roten Faden ihrer Existenz zurück und der heißt ja bekanntlich: Autonomie. Also hat sie sich durch die Verpflichtungen, die einem die Gesellschaft aufträgt, einerseits und ihrer eigenen Autonomie andererseits, mehr oder weniger immer wieder durchgeschlängelt. Nicht mehr, aber auch nicht weniger. So könnte man es vorerst einmal stehen lassen, denke ich. Aber ich gebe noch nicht auf. Wäre es möglich gewesen, ihr zu helfen. Lassen wir die Fürsorge als ein grosses Wort, einmal aussen vor. Dabei gilt es auch festzustellen, dass m. E. die helfenden Berufe sich in einer Krise befinden. Niemand will sich mehr helfen lassen, weil das ja das Eingeständnis eigenen Scheiterns wäre, und Scheitern ist in der modernen Zeit ein absolutes no-go. Da beißt die Maus keinen Faden ab.

23. Juni 1965

Hilfe hätte spontan geschehen können. Dem hätte sich Maria sicherlich immer wieder entzogen. Eine durchstrukturierte Hilfe hat sie wohl erst an ihrem Lebensende akzeptieren können. Aber die heutigen professionellen Hilfssysteme sind durch Effizienz und Rationalität geprägt und das war nun wirklich nicht ihr Ding. Also scheidet Hilfe, wie auch immer geartet, für Maria aus. Bei nicht-staatlichen Hilfssystemen hat sie ja reingeschnuppert, diese dann aber letztendlich doch nicht in Anspruch genommen. Dabei verhält es sich ja so, dass, insbesondere, staatliche Hilfeleistung anderen privaten Hilfeleistern das Wasser abgräbt. Nächstenliebe, wahrlich ein grosses Wort, hat die Form einer Überweisung angenommen, weil vor der Hilfeleistung erst ein Formular ausgefüllt werden muss. Aber der Hilfebedürftige und aus meiner Sicht kann man Maria, auch wenn ich zum Teil hier bereits das Gegenteil behauptet habe, als eine verletzte Person bezeichnen. Diese wird auf ihren Leib zurückgeworfen. Der Körper wird zum entscheidenden Faktor in der Begegnung der Welt. Diese Aussage stütze ich mit der extrem körperbetonten Sportart, die sie betrieben hat und dann später mit dem Konsum von Alk und Sex. Körperbetonter geht es wohl kaum noch, ist man geneigt zu sagen. Diese körperorientierten Selbstheilungsmaßnahmen, die Maria sich da selbst verordnet hat, sind nicht ohne Schmerzen zu haben, alle drei nicht. Damit lässt sich aber und das ist wohl auch der Sinn dieser Therapieformen (in Anführungs- und Schlusszeichen), die Zeit ausschalten oder zumindest verlangsamen oder vergessen. Wie man es eben sehen will. Wenn man seine eigene Zeitlichkeit ausschalten oder zumindest vergessen machen kann, hat man wieder etwas an Eudaimonia, Glückseligkeit (Aristoteles) gewonnen. Und das kann, wenn der Schmerz ansonsten übermächtig zu werden droht, schon ganz schön viel sein.

8. April 1966

Bringen wir Maria mit einem anderen, wie ich meine, zentralen Begriff der Ethik in einen Zusammenhang, nämlich den der Achtsamkeit. Dabei ist zu fragen, ob sie mit ihren Mit-Menschen, sie hat es vermutlich nie so gesehen, bzw. würde das 'mit-' wohl eher streichen wollen, achtsam umgegangen ist. Das wäre die eine Seite der Medaille. Die andere Frage wäre, ob andere Menschen, ihre Umwelt, die Gesellschaft mit ihr achtsam umgegangen ist. So ist es z. B. nicht bekannt, dass Maria sich innerhalb ihres Sportes, den sie doch einige Jahre mit grossem Engagement betrieben hat und der als eine harte Zweikampfsportart bekannt ist, sich je irgendein Foul oder eine Unsportlichkeit geleistet hätte. Bekannt ist allerdings, dass sie bei einem Unrecht, auch wenn sie nur dessen Zeuge geworden ist, massiv einschreiten konnte, sprich, auch vor körperlicher Gewalt nicht zurückschreckte. Hat sie somit ihren Feind im Inneren gespürt, diesen kennengelernt? Wie gelangte sie zu einem inneren Frieden und konnte doch auch das Kämpferische in ihr behalten.

24. November 1966

Es kann auch die Überlegung hier ins Spiel gebracht werden, wie kann jemand Achtsamkeit für sich und andere empfinden, wenn er nicht weiß, wo er herkommt bzw. von unterschiedlichen Sozialisationsagentinnen erzogen worden ist? Muss letztendlich ihre Herkunft und ihr Aufwachsen in frühester Kindheit als ein Trauma bezeichnet werden? Trauma verstanden als eine existentielle körperliche und/oder seelische Verletzung, die das betreffende Individuum bis an eine todesnahe Katastrophe geführt hat. Darunter kann man Gewalt, Vernachlässigung, endgültiges Verlassen-Sein, aber auch Entwürdigung der Person verstehen. Wenn man dies sich vor Augen führt, dann erscheint einem Maria nicht sehr weit davon entfernt zu sein. Das Ergebnis ist dann eine strukturelle Dissoziation, ein Auseinander-Driften der personalen Kompetenz. Gerade dies ist aber, zur allgemeinen und fachlichen Verwunderung, bei ihr nicht festzustellen.

22. Februar 1967

Was waren nun die Motive von Maria? Motive, die bestimmend sind, wie sie ihr Leben gestaltet hat. Kann man in ihrem Verhalten Leitfragen herauskristallisieren? Kann man das überhaupt, auch wenn – mehr oder weniger – das Leben eines Menschen bekannt ist, vor einem liegt. Natürlich kann man persönliche Motive über das Verhalten zu erschließen versuchen. Hinter diesem Verhalten finden sich Charaktereigenschaften wie z. B. der eigene Selbstwert, die Bindung an andere Menschen, der Lustgewinn bzw. die Unlustvermeidung sowie die Kontrolle über sein Leben. Hätte man keine Kontrolle über sein Leben, wäre man hilflos, wie eine Träne im Ozean (Manès Sperber). Es gibt allerdings eine Charaktereigenschaft, der ich bei der Betrachtung von Marias Leben nicht gefunden habe und das ist das Empfinden von Scham. War Maria eine schamhafte Person? Letztendlich weiß ich es nicht und stochere in der Nacht im

Nebel. Dessen bin ich mir bewusst. Scham signalisiert ja einen inneren Bruch, ein Problem des Selbst. In unserer Gesellschaft wird ja Scham auch in Form von Beschämung als Strafinstrument eingesetzt. Vielleicht hat sie ja Scham empfunden, war aber stets sehr darum bemüht, diese sich nicht anmerken zu lassen. Dabei kam ihr der Zeitgeist entgegen, weil Sexualität und freizügiger Alkoholkonsum nicht mehr in der gleichen Art schambehaftet sind, wie noch zu Großelternzeiten. Man verzeihe mir diesen Vergleich, da Maria ja ihre Großeltern ja nie kennengelernt hat.

14. April 1968

Könnte aber auch sein, dass Maria nie gelernt hat, Scham zu empfinden. Und beschämen konnte man sie nicht bzw. dies hätte sie nie zugelassen. Scham kann ja auch nur derjenige empfinden, der sich als ein Teil der Gemeinschaft versteht und dabei gegen geltende Normen verstoßen hat. Dafür hat man sich dann zu schämen. Aber gerade geltende Normen gelten für Maria ja eher nicht. Scham würde so das betreffende Individuum drücken, das eigene Ich-Ideal würde verletzt, bedingt durch die Bewertung von außen. Sie würde ein Manko bezüglich ihrer eigenen Normativität empfinden (müssen). Dem war aber bei ihr nicht, nie so. Denn Scham kann in der Situation des Sich-Schämens durchaus auch als Unterwerfung verstanden werden. Eine Situation die dem Verhalten von Maria diametral entgegengesetzt wäre. So eine Inferiorität hat es in ihrem Leben nicht gegeben, bzw. ist nicht als Aussenstehender eruierbar. Scham hat deshalb auch die Funktion, Menschen an geltende Normen anzupassen und da ist unschwer zu erkennen, dass dies auf Maria wohl kaum zutreffen kann.

25. Mai 1969

Ich habe mir auch einmal die Frage gestellt, ob man zu Maria hätte Vertrauen fassen können. Warum ich auf diese Fragestellung gekommen bin, vermag ich nicht zu sagen. Es ist mir im Grunde auch egal. Aber ich gehe schon von der Tatsache aus, dass zwischenmenschliches Geschehen stark durch ein gegenseitiges Vertrauen geprägt ist, oder geprägt sein sollte. Aber wovon hängt dieses Vertrauen, dieser gesellschaftliche Kitt eigentlich ab und was bringt mich eher zu der Ansicht, dass man Maria wohl eher kein, oder sagen wir mal, wenig(er) Vertrauen entgegenbringen hat können. Belege, dass man ihr vertraut hat, sind ja nur schwer zu finden gewesen. Vertrauen hängt wohl auch damit zusammen, dass man von einem gemeinsamen Wertebestand ausgeht. Wenn die Werte meines Gegenübers mir völlig fremd sind, weiß ich im Grunde ja gar nicht woran ich bei diesem Menschen (oder Tier, Landschaft) bin. Das heißt, dass sich Vertrauen nur aufbauen kann, wenn mir die Ansichten, Verhaltensweisen meines Gegenübers, das kann wie gesagt auch ein Tier oder eine Landschaft sein, mir in irgendeiner Art und Weise vertraut sind. Wenn ich an Maria denke, so denke ich, bin ich in einer Vertrauenskrise. Nun könnte man die folgende Gedankenkette schmieden: Wenn man zu Maria kaum in der Lage ist, Vertrauen aufzubauen, so ist man geneigt, sie wenigstens kontrollieren zu können.

Aber gerade diesem Kontrollbedürfnis hat sie sich ja immer wieder – erfolgreich – entzogen bzw. sich zu entziehen versucht. Der Beispiele sind viele. Aber was Kontrolle mit Vertrauen zu tun? Nichts, richtig. Kontrolle vernichtet Vertrauen (Martin Hartmann). Verlässlichkeit ist also, wenn es um Vertrauen geht, ein hohes Gut und bei Maria ist gerade diese Tugend ein in hohem Masse wunder Punkt. Das muss einfach so gesagt sein und man darf sich auch trauen, dies hier so ungeschminkt auszusprechen. Auch wenn gewisse Leute sehr bereit waren, Vertrauen in Maria zu setzen, vermutlich u. a. auch ihr Ehemann, ihre Kinder, so hat sie sich immer wieder ausgeklinkt und ist aus dem Felde gegangen. Hat sie damit nicht immer wieder versucht, ihr wahres Gesicht zu verbergen, zu verschleiern.

10. Dezember 1969

Sie blieb für die meisten Menschen, die ihr im Laufe ihres Lebens begegnet sind, eine Erinnerung. Blieb sie gesichtslos? Das vermag ich nicht zu beurteilen. War ihr denn bewusst, wer sie im Grunde selber wahr. Oder anders gefragt: Hatte sie eine Wahrnehmung ihrer eigenen Person, oder war sie ausschließlich auf die Befriedigung ihrer eigenen Bedürfnisse aus? Das sind harte Worte hier, aber mit Beschönigungen, Vertuschungen kommen wir hier auch nicht weiter. Also halten wir fest, dass man zu Maria wohl kaum Vertrauen fassen konnte und den Menschen, mit denen sie im Leben in Kontakt kam, kommen musste, erging es genauso. Ob Maria selber das wahrgenommen und eventuell auch darunter gelitten hat, wissen wir nicht. Da kommt die Blackbox ins Spiel und dort drinnen ist es ja bekanntlich dunkel, sehr dunkel, dunkler geht's wohl nicht mehr. Das macht mich traurig.

20. Februar 1971

Wenden wir uns nun einem anderen Blickwinkel auf Maria zu, nämlich den der Krise. Wenn man von einem allgemein-bürgerlichen Standard, der unsere Gesellschaft beherrscht, ausgeht, dass kann festgehalten werden, dass man a) erzogen wird, b) eine Bildung und dann eine Ausbildung durchläuft, um dann sein Leben in geordneten, d. h. nicht mit dem Gesetz in Konflikt kommenden Bahnen abspult. Es kommen dann noch c) die Pensionierung und das Alter hinzu. Setzen wir im Vergleich das Leben von Maria dieser Auflistung entgegen, so kann man unschwer konstatieren, dass ihr Beginn doch etwas anders verlief und dass ab ihrem Erwachsenenleben dieses auch etwas außerhalb der genormten Gleise sich abspielte. Warum das Alles so ist, steht auf einem anderen Blatt. Dieses könnte, vor allem zu Beginn, als Schicksal, als ihr Los, bezeichnet werden. In höherem Alter ist diese Zuschreibung dann nicht mehr so einfach zu treffen. Aber darüber habe ich mich ja schon ausgelassen und es wird wohl noch, zwangsweise, mehreres dazu zu sagen sein werden. Daran kommt man nicht vorbei. Was sein muss, das muss eben ... Also, das Leben von Maria unterscheidet sich von demjenigen der meisten Menschen in unserer westlich geprägten Gesellschaft. Dieser Umstand wirft für mich die Frage auf, ob man dann das Leben von Maria als eine Krise verstehen muss. Oder: hat sich

Maria unaufhörlich in einer Krise befunden? Krisen sind ja Lebenssituationen, die man als belastend, genauer: als hoch-belastend empfindet. In Krisen fühlt man sich überfordert. In Krisen sind Anpassungsleistungen gefordert, denen das Individuum aber nicht so ohne weiteres nachzukommen in der Lage ist. Dabei geht man davon aus, dass man sich in einer Krise neu orientieren muss, sollte, damit auch wieder aus dieser herauskommt. Krise bedeutet ja im wortwörtlichen Sinne, dass eine Entscheidung gefällt werden muss, nur fällt einem das eben nicht leicht. Wie eine Krise erlebt wird, hängt natürlich stark von der jeweiligen Persönlichkeit ab. Was für den einen eine Krise ist, die ihn an Suizid denken lässt, denkt der andere an ein Konflikt-Management, mit dem er diese Krise sehr wohl meistern kann. Studien haben nun gezeigt, dass «die Mehrheit der Betroffenen eine allfällige Krise gut bewältigt: Rund ein Drittel ist krisenfest oder psychisch resilient. Etwa die Hälfte wird zwar zu Beginn etwas aus der Bahn geworfen, passt sich dann aber im Verlauf von etwa zwei Jahren an die neue Situation an.»

10. Juni 1972

So weit, so gut. Hilft uns das in Bezug auf Maria weiter? Wenn ich mir ihr Leben so Revue passieren lasse, dann muss ich feststellen, dass sie sich im Grunde von einer Krise zur nächsten gehangelt hat. Aber man kann dann wiederum nicht feststellen, dass sich ihr Verhalten, ihr Leben als ein von Krisen geschütteltes darstellt. Das wiederum geht auch nicht. Es scheint mir, als ob sie Krisen gar nie an sich herangelassen hat. Anders formuliert:

War ihr Leben dadurch geprägt, dass sie sich immer von allen Krisen ferngehalten hat, weil sie denen immer ausgewichen oder vor ihnen sich permanent auf der Flucht befunden hat? Ich kann diese Frage, wie so viele andere letztendlich auch, nicht befriedigend beantworten. Es scheint allerdings so, als ob sie immer wieder auch ein Hilfesystem angelaufen hat, was sie ja nicht getan hätte, wenn es ihr rund um die Uhr gut gegangen wäre. Dann kann wieder einmal ihre Sex- und Alk-Sucht ins Spiel gebracht werden. In dieser von ihr praktizierten Art und Weise, kann man ja auch nicht davon sprechen, dass dies alles für ihre Gesundheit förderlich war. Trotzdem kann ausgesagt werden, dass sie über ein nicht kleines Mass an Resilienz verfügt und immer auch verfügt hat. Wer so die ersten Stunden seines Lebens überlebt hat, ist wohl allein dadurch mit Resilienz 'geimpft' worden. Auch muss hier ihre nichtsesshafte Lebensweise als eine Form, wenn auch von der Mehrheit der Gesellschaft in so nicht akzeptierter Weise, als Resilienz verstanden werden. Kann man ihr ganzes Leben als eine einzige Krise bezeichnen? Oder wäre das zu vermessen? Sie bewegte sich auf jeden Fall immer auf einem schmalen Grat, der mit ihrem zunehmenden Alter aber immer brüchiger zu werden schien. Was mich wiederum auf den Gedanken bringt, ob dies nicht auch als eine Form der Normalität verstanden, werden kann, weil das Alter ja grundsätzlich als eine Form eines Massakers (Philipp Roth) verstanden werden kann. Egal ob dieses nicht- oder sesshaft ge-, verlebt wird.

15. Juni 1973

Hätte man Maria trösten können. Dies scheint auf den ersten Blick eine absurde Idee zu sein. Und wenn ja, wer hätte das sein können, sein wollen? Nicht, was sie vermutlich mehr gehasst hätte, als dass man sie tröstet. Zumal Trost häufig misslingt. Trösten kann man ja nur jemanden, der trauert. Jemand anders benötigt keinen Trost. Aber hat Trost nicht immer auch etwas Anmaßendes, so von-oben-herab getröstet. Will sagen: ich bin bei dir, dir kann jetzt gar nichts mehr Böses passieren, wir stehen das schon durch etc. Viele Menschen finden bei oder durch Gott Trost. Das scheint mir im Grunde eine ehrlichere Form des Trostes zu sein und sie bleibt auch innerhalb der trost-bedürftigen Person. Es kommt nicht noch jemand anders ins Spiel, der vorgibt, über eine Unmenge an Empathie zu verfügen, die er nun über den Trostbedürftigen auszuschütten bereit ist. Trost kann man auch in der Natur finden, indem man, wie ich es letzthin in einem Film gesehen habe, als sich eine Mutter, deren Sohn sich suizidiert hatte, in den Waldboden hinein geschluchzt hat, im wahrsten Sinn des Wortes. Dies könnte man als resonanzlose Resonanz verstehen. Der Waldboden, die Erde als Trostspender, den man sich quasi aus dem Boden, auf dem man nicht mehr sicher stehen kann, heraussaugt. Aber Trost muss ja auch nicht sachlich sein, es ist eine emotionale Angelegenheit. Was macht man, wenn jemand untröstlich ist, da hat dann auch der Trost seinen Platz verloren. Trost beginnt ja in der Regel dort, wo etwas verloren gegangen ist, wo etwas unwiederbringlich verloren ging oder entschwunden, gestorben ist. Dieser erlittene Verlust kann nicht mehr rückgängig gemacht werden. Ob man Leiden aufheben kann, indem man mit-leidet, wie es in einigen Lehrbüchern geschrieben steht, habe ich schon immer angezweifelt. Ich könnte mir vorstellen, dass Maria dies genauso sieht. Man sagt auch, dass der Trost nicht das Übel beseitigen kann, aber er könne für einen gewissen Zeitraum das Leiden am Leiden mindern, auflösen, vielleicht sogar vergessen machen. Aber auch da habe ich meine Zweifel und frage mich, ob dies nicht Überlegungen sind, die vor allem dem Trostgebenden helfen sollen, seine Inferiorität, sein Misslingen, seine Ohnmacht zu kaschieren. Ergo: eine gelungene Form des Selbstbetruges. Das ginge ja im Grunde nur, wenn der Trostgebende das gleiche Schicksal erlitten hätte. Wir wissen ja alle, dass ich die Zahnschmerzen meines Gegenübers nie mit-fühlen kann. Ich kann in etwa – kognitiv – nachvollziehen, wie es ist, wenn er Zahnschmerzen hat, weil ich auch schon welche gehabt habe. Demnach ist es mir auch nicht möglich, Maria zu verstehen, wenn sie ihre Eltern nie kennengelernt hat. D.h., dass auch ein Tröster nie authentisch sein kann. So wie zum Beispiel ich, weil ich meine Eltern kennengelernt habe.

22. März 1974

Andererseits gibt es Selbsthilfegruppen, die alle das gleiche oder ähnliche Schicksale erlitten haben. Es ist deshalb zu hoffen, dass die o.e. Mutter, die einen unendlichen Schmerz ob des Todes ihres Sohnes empfindet (ich stelle mir dies auf Grund der gesehenen Bilder so vor), zu einer Gruppe findet, in denen sich auch Mütter befinden, die das gleiche erleben mussten. Das gleiche gilt auch für die Anonymen Alkoholiker. Solche Gruppen sind jedem Tröster und auch jeder Therapie haushoch überlegen. Irgendwie musste Maria das wohl gespürt haben. Das lässt sich aus diversen Verhaltensweisen, die in ihrem Leben bekannt geworden sind, schließen. Von daher kann unschwer geschlossen werden, dass es wohl vor allem zwei Dinge sind, bei denen Maria immer wieder Trost gesucht hat. Man weiß, was ich meine. Von einer bürgerlichen Gesellschaft und ihren normierenden Kräften her betrachtet, gelten diese beiden Dinge natürlich nicht als seriöse Trost-Spender. Aber das hat sie wohl kaum interessiert. Da bin ich mir sicher.

4. April 1974

Betrachten wir, einfach mal so aus Lust und Laune, die berühmte Formel von Kant. Nein, nicht der kategorische Imperativ, weil sich um den Maria wohl kaum gekümmert hat, sofern sie ihn denn überhaupt gekannt hätte. Nein, ich meine hier die zweite berühmte Formel, die da lautet: Handle so, dass du die Menschheit, sowohl in deiner Person als in der Person eines jeden anderen, jederzeit zugleich als Zweck, niemals bloß als Mittel bauchst. Ich denke nämlich, dass sich Maria mit dieser Formel sehr identifiziert hätte, wäre sie denn auch einmal in einem Kant-Seminar gelandet. Aber damit ist eher nicht zu rechnen. Üblicherweise gehen wir ja davon aus, dass alles auf dieser Welt seinen Preis hat, auch für Beziehungen gilt dies. Aber ein Zweck an sich selbst, kann keinen Preis haben, sonst wäre es nicht mehr ein Zweck an sich selbst. Das schließt sich aus. Ein Preis ist ja immer etwas Bedingtes und ein Zweck, der den Zweck in sich selbst hat, hat keine Bedingungen. Hätte er diese, so gäbe es, logischerweise, auch einen Preis. Der Preis bzw. dessen Währungen kann in Franken, Euro, Gefälligkeiten, Hingabe, Versprechungen usw. taxiert werden und unterliegt Vergleichen. Ein Wert in sich selbst, kann mit nichts anderem verglichen werden. Würde ist so ein Begriff, vor allem wenn sie als inhärente Würde verstanden wird, die mit nichts anderem verglichen werden kann. Sie ist ein Zweck an sich und für sich selbst. Für mich steht deshalb fest, dass Maria ihre Mit-Menschen nie als Zweck betrachtet, sondern ihnen immer ihre Würde belassen hat. Das mag nun auf den ersten Blick etwas komisch klingen, aber ich bin nach längerer Überlegung zu dieser Feststellung gelangt. Natürlich hat sie andere Menschen zu ihrer eigenen Bedürfnisbefriedigung 'gebraucht'. Keine Frage. Aber geht es mir nicht auch genauso, wenn ich z. B. in eine Bäckerei gehe und von der Bäckerei-Fachverkäuferin verlange, dass sie mir ein Brot, dunkel, 500 Gramm, über die Theke reichen solle. Ich benutze sie als Mittel zum Zwecke des Erwerbs eines Brotes. Sie benützt mich allerdings auch, und zwar in derselben Art und Weise, dass wir in einem Tauschverfahren, ich ihr die entsprechende Summe in Münzen auf die Theke lege und sie mich als Geldgeber ihres Brotes verwendet. Danach trennen sich unsere Wege wieder. Wir sind also jeweils einer des anderen Mittel. Das ist normal, üblich und bezeichnet den Gang der Dinge innerhalb des sozialen Lebens. Aber das ist ja nicht die Frage; die Frage ist vielmehr, ob ich die Würde der Brotverkäuferin mittels des käuflichen Erwerbs des Brotes verletzt habe, oder nicht. Habe ich nicht. Umgekehrt gilt es natürlich genauso. Also können wir beide, sowohl die Brotverkäuferin wie auch ich, der Brot-Käufer, morgen wieder ohne Wenn und Aber in unsere Spiegel schauen. Und genauso sehe ich es eben auch bei Maria.

21. Juni 1974

Es ist mir nicht bekannt, dass sie Menschen für ihre eigenen Belange zu befriedigen, ausgenutzt hätte. Wenn sie gegen geltendes Recht verstoßen hat, das ist vorgekommen, so hat sich jeweils herausgestellt, dass sie dies nicht, nie (!) zu ihrem eigenen Nutzen gemacht hat. Es war jeweils, es ist mehrmals vorgekommen, nicht alle Fälle sind bekannt geworden, woher ich das habe, darüber werde ich schweigen, immer zu Gunsten von anderen Menschen, denen es schlecht(er) im Leben ergangen ist als ihr selber. Kann man sie deshalb als eine weibliche Form von Robin Hood bezeichnen. So weit würde ich hier nicht gehen wollen. Aber es führt uns doch zu dem bereits erwähnten Gerechtigkeitsempfinden zurück, von dem sie sich zeitlebens leiten liess. Und wenn es denn jeweils nicht mehr möglich war, weil die Gefahr, dass sie dadurch hätte straffällig werden können, verliess sie die Stätte und ging woanders hin. Vielleicht hat sie das dann jeweils auch getan, um ihre Selbstachtung nicht zu verlieren.

25. Juli 1974

Hat Maria ein gutes Leben gehabt? Oder: War Maria glücklich in ihrem Leben? Bedeutet ein gutes Leben, ein glückliches Leben, oder: bedeutet ein glückliches Leben ein gutes Leben? Was heißt hier 'Glück', was heißt: 'gut'. Beide Begriffe sind nicht zu definieren oder die Definitionen führen ins Uferlose, bleiben spekulativ-individualistisch. Für viele Menschen bedeutet Glück oder gutes Leben, materielle Sicherheit oder sogar ein Leben im Luxus. Autos, Reisen, Schmuck, Kleidung, Ferien und was der Dinge noch mehr sind. Man kann sich seine Bedürfnisse befriedigen, und zwar subito. Es besteht eine aufschublose Wunscherfüllung. Ein wichtiger Begriff hierbei darf nicht ungenannt bleiben, nämlich den des Erfolges. Dieser durchzieht alle Bereiche des Lebens. Erfolg heißt bestehen in der Gemeinschaft bzw. über dieselbe hinauswachsen, um auf diese herunter blicken zu können. Erfolg heißt somit bestehen in der Konkurrenz, die eigene Leistungsoptimierung ist angesagt. Leistung kann sich auf Leistung, aber auch auf das eigene Äußere beziehen, das damit zu einer besonderen Form der Leistung mutiert. Die Spielregeln, die hierbei gelten, sind nicht klar definiert und manche/r bewegt sich am Rande der Legalität, Hauptsache, dass er seine Leistung zu optimieren versteht. Die Gegnerschaft schläft nicht, man muss mithalten, dabei-sein, noch besser: voran-sein. Regeln aus dem Sport, die ja Maria auch sehr gut kennengelernt hat, werden auf den Alltag übertragen. Man ist in einer Liga und dies mit dem Ziel schnellstmöglich aufsteigen zu können. Die sich ständig neu ergebenden Regeln müssen in zeitrafferisch schneller Manier verinnerlicht werden.

Wenn wir nun diese Gedanken vor dem Hintergrund 'Maria' Revue passieren lassen, dann kommt man unweigerlich zum Schluss, dass sich Maria mit diesen Spielregeln nicht identifizieren konnte, nicht identifizieren wollte. Vielleicht waren sie ihr einfach nur zu blöde. Oder sie hatte überhaupt kein Sensorium für diese Vergleiche, die ausschließlich auf Leistung basieren. Damit hatte sie einfach nichts zu tun. Sie ist eine echte Hippie-Frau und hat diese Werte, nämlich den handelsüblichen Werten abzuschwören, nie verinnerlicht. Vielleicht hat sie diese auf Grund ihres Starts in das Leben schlicht und ergreifend einfach nicht kennengelernt. Leistungsvergleiche waren ihr egal, spielten für sie keine Rolle, waren nicht existent. Im Grunde doch beneidenswert, wie ich meine.

22. März 1975

Warum dem so ist, kann nur – wieder einmal – spekuliert werden. Tatsache ist, dass sie, nachdem sie in jungen Jahren durchaus im Sport dem Leistungsgedanken gefolgt ist, diesen dann, in relativ jungen Jahren, an den berühmten Nagel gehängt hat. Vergleiche und Wettbewerbe mit Mitkonkurrenten war danach und dies gilt für ihr ganzes weiteres Leben, für sie nicht (mehr) bestimmend. Bleibt die Frage, was denn letztendlich für sie lebens-, d.h. auch sinnbestimmend war? Hier ist ja der Versuch, dieser Frage näher auf die Schliche zu kommen. Ob es gelingen, oder eher kläglich ausgehen wird, wer weiß das schon? Oder: niemand weiß Genaueres. Also noch einmal. Luxus, Erfolg und Anerkennung durch Leistung oder Geld, hat sie, je älter sie wurde, nicht gekümmert.

Und so bleibt erneut die Frage offen, was denn nun ihre Referenzpunkte für die Gestaltung ihres Lebens von entscheidender Bedeutung sind/waren. Gut, wir haben bereits in einem anderen Zusammenhang, ihren Wunsch, Drang nach Selbstverwirklichung angesprochen? Aber warum wollte sie sich so verwirklichen und nicht irgendwie anders? Fest steht, sie hat sich ihre Lebensziele selbst gesetzt und ließ sich, mit ihrer Volljährigkeit auch von niemandem mehr etwas sagen oder sich zu Gemüte führen. Das könnte man als einen existentiellen Referenzpunkt bezeichnen, meine ich.

25. Juli 1975

Aber, so ist weiter zu fragen, war der Preis für ihre o.e. Autonomie, ihre Selbstständigkeit nicht auch sehr hoch. Soziologisch betrachtet stieg sie in Bezug auf die Soziale Schichtung immer tiefer hinab. Schlussendlich landete sie im Prekariat, in der Nichtsesshaftigkeit, vom Alkohol und anderen körperlichen Gebrechen gezeichnet. Sie lebte einsam, fühlte sie sich auch vereinsamt? Einige Belege lassen darauf schließen. Kann man das ein gutes Leben nennen? Wieder einmal, eine Frage der Wertung. Sie hatte sich für die Einsamkeit entschieden. Aber möglich, dass dieser Satz komplett falsch ist, weil sie eventuell gar nie eine Wahl hatte. Wer so geboren wird und die ersten Jahre heimatlos, ohne Ur-Vertrauen (E. Erikson) in die Welt geworfen wird, wird vermutlich immer einsam bleiben. Erstaunlich, dass Maria aber zu einem starken Gerechtigkeitsempfinden gefunden hat. Dies widerspricht im Grunde gängigen Theorien der Sozialisationsforschung.

Gerechtigkeitsempfinden lässt seinerseits auf ein nicht geringes Mass an Moralität schließen. Wo kommt diese her? Hat die Umwelt ihr diese vorgelebt? Wohl eher nicht. Es sind Geschichten von ihr bekannt geworden, in denen sie ein starkes Vermögen in Bezug auf altruistisches Verhalten an den Tag gelegt hat. Wo kommt das her? Man geht ja davon aus, dass altruistisches Verhalten in der Familie erlernt wird (Covel P. van Schaik). Dafür ist eine gewisse Form der Gemeinschaft notwendig. Wo findet sich in Marias Leben diese Gemeinschaft. Ich, auf jeden Fall, bin nicht in der Lage, diese zu sehen, zu eruieren. Altruismus fördert die Gemeinschaft und wird durch eine gegenseitige Abhängigkeit, wie sie jedes Kind erlebt hat, gefördert. Man muss helfen wollen, weil es der Gemeinschaft dient und man nie weiß, wann man selber von dieser auch abhängig sein kann. Es stellt sich im Grunde ein kontraktualistisches Verfahren her, dies im Sinne von, wenn wir uns gegenseitig helfen, ist letztendlich Allen geholfen. Diese Regeln jeglicher Gruppe muss verinnerlicht werden, so dass man bei Zuwiderhandlung, wenn man sich nicht altruistisch verhält, mit der Angst leben muss, ausgestossen zu werden. Die Grenze hierzu spürt man dann, wenn man ein schlechtes Gewissen bekommt und man dann, auch contre coeur, eben doch mithilft. Damit hat Maria nichts zu tun. Aber wie bereits angedeutet, sie zahlt einen hohen Preis für ihren Status des out-law. Sie verarmt völlig und muss letzten Endes auch ihren Körper verkaufen, um zu überleben. Ob sie dabei auch ihre Seele verkauft hat, sei hier als offene Frage formuliert.

23. August 1975

Nun ist ja Maria nicht das erste und einzige Individuum, das diesen Weg der Einsamkeit gewählt hat. Es gab und gibt auch immer Menschen, die nicht dem Luxus frönen, denen Schönheit, Macht, Sozialer Aufstieg und dergleichen mehr, nichts bedeuten und auch nicht bedeutet haben. Sie steigen aus der umtriebigen Leistungsgesellschaft aus und entscheiden sich für eine andere Lebensform. Inwieweit Maria sich dafür hat entscheiden können, d. h., ob ihre Lebensform eine völlig freiwillig gewählte ist, dazu habe ich mich bereits geäußert und dabei berechtigte Zweifel angemeldet. Belassen wir es erstmal dabei. Menschen, die sich von dieser modernen, hektischen, sich ständig immer stärker beschleunigenden (Hartmut Rosa) Gesellschaft abwenden, finden dann oft zum Glauben, zur Religion. Welcher Art und Färbung diese dann ist, braucht uns hier nicht weiter zu interessieren und ehrlich gesagt, es interessiert auch mich persönlich nicht. Man geht davon aus, dass Religion erst mit der Sesshaftigkeit der Menschen anfing. Das hing damit zusammen, so die Theorie, dass die insbesondere durch die Sesshaftigkeit bedingte Ungleichheit an materiellen Gütern unter den Menschen, in irgendeiner Form als eben doch gerecht dargestellt werden musste. Es musste eine Form der Moral gefunden werden, um soziale Ungleichheiten erklären zu können. Aber von diesen Gedankengängen ist Maria weit entfernt. Sie hat nie etwas besessen und obwohl sie neben einem großen Gottes-Haus aufgefunden wurde, hat ihr dies wohl nie etwas bedeutet. Könnte auch sein, dass es möglich gewesen wäre, dass sie an einem ganz anderen Ort hätte als Neugeborenes stationiert werden können. So in etwa stelle ich mir ihre Gedankengänge vor.

10. März 1976

Aber die Religion hat die Moral nicht erfunden, die gab es schon vorher, vergleiche die Ideen zum Altruismus. Vielleicht, so kann man sagen, haben die Religionen die Moral gerettet. Aber was passiert, wenn die Religionen an Macht und Ansehen verlieren? Dann müssen die Gemeinschaften Gesetze erlassen, um diesen Verlust kompensieren zu können. Aber man kann auch sagen, je ungleicher eine Gesellschaft ist, desto religiöser, in welcher Form auch immer, ist sie. Religion ist also eine Strategie, wie man mit Ungleichheit in einer Gemeinschaft umgehen kann. Maria ist nie religiös gewesen. Dafür gibt es nun wirklich keine Hinweise oder Belege. Aber ein moralisches Verständnis ist ihr nicht abzusprechen. An dieser Stelle kann auch, zum ersten Mal hier, darauf hingewiesen werden, dass sie ein spezielles, und zwar in hohem Masse gutartiges Verhältnis zu Tieren hat. Dafür wieder gibt es einige Belege. Lässt das nicht auch auf ein gewisses Mass an moralischem Verständnis für die Kreatur schließen. Ich denke doch. Dazu fällt mir dann der Vergleich von Nazi-Verbrechern ein, die ihre Schäferhunde liebten, aber Menschen in die Gaskammern trieben. Aber diese Getriebenen waren in den Gehirnen dieser Nazi-Schergen eben keine Menschen, keine Kreaturen. Nur so kann man sich deren Verhalten erklären. Dies hat aber mit der Haltung und Einstellung von Maria gar nichts zu tun. Ich könnte mir vorstellen, dass es sich bei ihr sogar gegenteilig verhält. Will sagen, dass sie im Grunde gar keinen Unterschied zwischen den verschiedenen Arten, Rassen von Lebewesen sah. Ein Tier hat für sie den gleichen Wert wie ein Mensch. Der Mensch, so macht es den Anschein, ist für sie keineswegs die Krone der Schöpfung, sondern schlicht und einfach ein Lebewesen. Ein Wesen, eine Entität, die lebt und leben will. Nicht mehr, aber in keinem Fall auch weniger. So könnte es durchaus auch sein, dass sie den Unterschied von Personen und Tieren gar nicht so sieht. Das hieße dann, dass für Maria auch Tiere Personen sein können (Peter Singer). Die Artenschranke würde somit aufgehoben. Ich denke aber nicht, dass man Maria als eine Pantheistin bezeichnen könnte.

21. September 1976

Bleiben wir noch etwas beim Verhältnis von Maria zu den Tieren. Tieren gelten ja gemeinhin nicht als Personen, weil man nicht davon ausgehen kann, dass sie ein Verständnis ihrer selbst bzw. ihrer Existenz in der Zeitlichkeit haben. Es gibt da natürlich gewisse Unterschiede von sogenannt hoch entwickelten Tieren, die auch über ein Kommunikationssystem verfügen, wie z. B. Delfine, Wale, Primaten, Elefanten usw. Aber Tiere sind keine Personen und der Volksmund meint ja auch, dass Tiere nicht lügen können und immer ehrlich sind. Personen haben Wünsche, also in die Zukunft gerichtete Vorstellungen und können darüber reflektieren. Das ergibt dann die Frage, inwieweit Maria über sich selber reflektiert hat sowie, ob sie Vorstellungen für sich selber für eine Zukunftsperspektive entwickelt hat. Aber sie hätte sich jeweils auch anders entscheiden können. Sie hätte an einem Ort bleiben oder auch früher diesen verlassen können. Aber darum geht es mir hier eigentlich nicht. Es geht mir vielmehr darum, dass in ihrem Leben, nicht oft, aber doch auch auffällig, wie ich meine, Tiere auftauchen. Dass sie allerdings, wie das bei nichtsesshaft lebenden Menschen nicht selten anzutreffen ist, sich einen Hund für's Leben zugelegt hat, ist nichts bekannt. So viel Bindung war sie dann doch nicht bereit einzugehen. Aber irgendwie fühlte sie sich zu diesen Wesen hingezogen. Wäre noch die Frage, ob Maria Vegetarierin ist oder sich sogar einer veganen Lebensweise verschrieben hat. Soviel mir bekannt geworden ist bzw. ich mir dazu überlegt habe, bin ich eher geneigt, diese Frage zu verneinen. Wer zum Teil nichtsesshaft lebt, auf der Strasse überleben muss, der kann sich dies nicht leisten. Diese Person muss nehmen, was sie kriegen kann. Der Hunger steht ja bekanntlich vor der Moral. So viel dazu.

17. Februar 1977

In seiner Genealogie der Moral kommt Nietzsche auch auf die Askese zu sprechen und bei dieser Lektüre fiel mir, es ging gar nicht anders, Maria ein. Bei Nietzsche wird die Askese als ein Ziel menschlichen Daseins formuliert. Es ist, so Nietzsche, besser das Nichts zu wollen, als nicht wollen. Askese wird hier mit Armut, Demut und Keuschheit in Verbindung gebracht. Der Asket sucht nicht den Ruhm, er verhält sich gegenüber der Obrigkeit, gelinde gesagt, stark zurückhaltend und er entsagt der

Frau. Dies muss man wohl aus dem Zeitgeist heraus verstehen, indem Nietzsche dies schrieb. Unsere Zeit hat ja gerade mit Askese und ihren Idealen überhaupt nichts zu tun. Askese ist der heutigen Zeit völlig fremd. Auf den ersten Blick fällt es schwer, Maria mit Keuschheit in Verbindung zu bringen. Aber wenn man es sich näher betrachtet, so weiß man über ihre Sinnlichkeit und dieser Begriff scheint mir hier der passendere zu sein, nicht viel. Natürlich hatte sie Männer, viele sogar, wenn man die Belege heranzieht. Aber hat sie sich je an einen Mann gebunden und eine Beziehung mit all ihren dazu gehörenden Facetten gelebt? Wohl kaum. Über ihre Beziehung zu ihrem Ehemann ist rein gar nichts bekannt. Ob der überhaupt noch lebt. Man weiss es nicht. Aber ihm gilt ja auch nicht mein Interesse und deshalb ist das natürlich egal. Von daher kann man, so paradox es auch klingen mag, Maria eben doch auch als eine keusch lebende Person bezeichnen. Ihre Sexualität bringe ich deshalb eher auf die Ebene von Alkohol bzw. sie verwendete Männer als Droge, um wenigstens für einen Augenblick der Gegenwart entfliehen zu können. Es lenkte sie vom Elend ihres Daseins, wenigstens für Augenblicke, ab. Dies ist natürlich meine Aussen-Wahrnehmung ihres Lebens, weil ich mir nicht vorstellen kann, dass man an ihrer Stelle glücklich sein kann. Aber möglich, dass ich mich hierbei auch irre. Wie oft habe ich mich schon gerade in zwischenmenschlichen Belangen geirrt. Aber ich habe keine Probleme damit, Marias Lebensweise als eine Form der Askese zu beschreiben. Ihr Lebensweg zeigt aber auch, dass man in der heutigen Zeit, wenn man offen in der Gesellschaft zu überleben versucht, kaum anständig und ordentlich asketisch leben kann.

15. September 1978

Die Normativität des Faktischen zerstört jede Existenz, die bemüht ist, asketisch leben zu wollen. Wenn man verdeckt in der Gesellschaft lebt, dann müsste man in eine Einsiedelei gehen bzw. in ein Kloster. Diese Nische ist aber nur um den Preis einer Aufgabe seiner Autonomie möglich und das würde nun auch den Vorstellungen bzw. den Vorstellungen, die ich mir von Maria mache, widersprechen. Der Vollständigkeit halber sei hier noch hinzugefügt, dass auch Nietzsche mit Alkohol und Syphilis zu kämpfen hatte und sich bald einmal aus der Gesellschaft verabschiedete. Zurück zu Maria. Sie leidet, so vermute ich, wenn überhaupt, am Problem ihres Sinns, ihres Daseins. Aber nicht das Leiden daran ist das Problem, sondern die fehlende Antwort darauf, warum sie überhaupt leiden soll. Wozu leiden, das ist die Frage. Der Mensch könnte ja mit dem Leiden noch einig gehen, wenn er nur wüsste, wozu das Leiden gut wäre bzw. wenn er einen Sinn darin erkennen könnte. Die Aussicht, beim Leiden auf Gott zu vertrauen, hilft da schon lange nicht mehr, sofern dieser Glaube jemals überhaupt geholfen hat. Nun meinte aber Nietzsche, dass das asketische Leben dem Menschen einen Sinn zu geben vermag. Es ist irgendein Sinn, was aber immer noch besser ist, als gar keinen Sinn zu sehen, zu haben, zu spüren. Wie bereits gesagt: Es gibt nur einen Willen zum Nichts. Lieber das Nichts wollen als nicht wollen (Sartre). Kommt man damit Maria näher? Es muss, so denke ich, Momente, Zeiten gegeben haben in ihrem Leben, wo sie sich frei, selbstbestimmt gefühlt haben muss. Ich hoffe es so sehr für sie.

9. März 1979

Ein weiterer Aspekt, um der Person Maria etwas näher zu kommen, wäre der es Konzeptes des Empowerments. Nun könnte man sagen, dass diese Form der Selbstbestimmung letztlich nicht anderes ist als alter Wein in neuen Schläuchen. Könnte schon so sein. Aber lassen wir diese Diskussion mal beiseite. Beim Konzept des Empowerments geht man davon aus, dass Personen, betroffene Personen, Experten ihrer Selbst sind, weil diese selber immer am besten beurteilen können, welche Bedürfnisse sie haben bzw. wie sie diese befriedigen können. Empowerment, verstanden als Selbst-Bemächtigung Betroffener, geht davon aus, dass eine größtmögliche Freiheit an Entscheidungsmöglichkeiten und -vielfalt vorhanden sein muss bzw. realisiert. Empowerment bekämpft den Determinismus, dem wir alle in irgendeiner Art und Weise auch unterliegen. Wir finden hier als ein Antagonismus, das eine ist der Gegenspieler des anderen. Man könnte auch von Freiheit auf der einen und Determinismus auf der anderen Seite sprechen. Beim Determinismus, der keinesfalls nur als negativ bewertet werden soll, wird das eigene Verhalten berechenbar, die Zukunft wird vorhersehbar, einsehbar. Er kann somit in klaren, festen Strukturen leben und das beruhigt und gibt Sicherheit. Wir finden hierbei eine Lebensstruktur. Es läuft ein Plan ab, ein Algorithmus, ein Programm, das zum Ziel hat, dass Zufälle, sogenannte Indeterminismen, nahezu unmöglich sind. Nur ein Ereignis von existentieller Bedeutung vermag das betreffende Leben aus der Bahn werfen. Wenn ich diese letzten Zeilen noch einmal lese und mir Maria vergegenwärtige, dann komme ich eher zu dem Urteil, dass in ihrem Leben ein bereits vorher festgelegter Plan am Wirken war und das lässt dann die eingangs erwähnten Empowerment-Idee stark schmelzen. War ihr Leben nicht vielmehr determiniert und sie ist diesem Algorithmus und wenn und aber gefolgt. Von Anfang bis Ende, ohne jegliche Abweichung und wenn sich eine anbahnte, wie eventuell die Hochzeit, hat sie diese nach einer nicht allzu langen Zeit, korrigiert. Da wäre dann das Empowerment im Determinismus aufgehoben, und umgekehrt. So könnte ich mir das bei ihr vorstellen. Das hieße wiederum, dass bei Maria Empowerment und Determinismus gerade nicht in einem antagonistischen Verhältnis zueinanderstehen, sondern sich sogar gegenseitig bedingen. Eine interessante Feststellung, wie ich finde.

1. August 1980

Und, so ist weiter zu fragen, sehnen wir uns nicht auch immer wieder nach eindeutigen, klaren, vorhersehbaren Tagesstrukturen. Wollen wir immer, unaufhörlich, Abenteuer erleben. Klare Strukturen bedeuten ja auch Angstabwehr. Natürlich wissen wir nicht, was uns das Leben im Allgemeinen für Überraschungen bietet, welche Schicksalsschläge wir zu erleiden haben oder ob wir vielleicht einmal sechs Richtige im Lotto haben werden usw. Aber das ist die These bzw. die eine Seite der Medaille. Wir wissen alle, dass es noch eine andere Seite gibt, die Anti-These (Hegel) und die geht davon aus, dass es, wie bereits erwähnt, ein hohes Gut ist, dass der Mensch über sich selbst bestimmen kann. Er zeigt sich damit als autonomes Wesen, das über eine eigene Entscheidungsfreiheit verfügt und damit aber auch Verantwortung über sein Tun und Lassen übernehmen muss. Das Herauskommen aus der selbstverschuldeten Abhängigkeit im Sinne einer Emanzipation (Kant) gilt in unserer Gesellschaft als ein wichtiges und erstrebenswertes Leitziel. Deshalb können wir hier mit Fug und Recht festhalten, dass sich Maria, ob ihr dies bewusst war oder nicht, spielt absolut keine Rolle, sich sehr stark, um nicht zu sagen existentiell dem Empowerment-Konzept verpflichtet gefühlt hat. Sie hatte die Kraft, dies für selber umzusetzen und sich kompromisslos daran zu orientieren. Woher sie diese Kraft hatte, ist und bleibt für mich ein Rätsel. Und um dieses hier kreise ich unentwegt. Damit habe ich mir wohl auch selber widersprochen, weil ich noch kurze Zeit vorher eher der Meinung war, dass Maria sich eher zu einem ihr nicht bewussten Determinismus hingezogen gefühlt hat; nun aber singe ich bereits kurze Zeit später, das hohe Lied ihres Empowerments. Ja, was denn nun, fragt sich der geneigte Leser. Da kann ich mir nur mit der Farbigkeit, der schillernden Figur von Maria weiterhelfen. Sie ist eben schwer zu fassen und ein Kästchendenken, wo man sich kleine Figuren hineinstellen kann, gibt es in diesem Zusammenhang schon gar nicht. Und das ist gut so.

11. Februar 1981

Aber so einfach ist es nicht. Oder andersherum formuliert: Mache ich es mir mit der Aussage, dass Maria zeitlebens dem Empowerment gefolgt ist, nicht selber zu einfach und idealisiere sie geradezu. Damit wäre dann aber auch niemandem gedient. Wir gelangen nämlich damit zu der Frage nach der Verantwortung für ihre Verhaltensweisen. Moralische Verantwortlichkeit und dies ist ein ethischer Grundsatz, den jeder Ethikstudent bereits im ersten Semester sich zu Gemüte führen muss, ist immer auch an Freiwilligkeit des Tuns und Unterlassens gebunden. Denn hier tut sich die nicht neue Frage auf, inwieweit das Verhalten des Tuns und Unterlassens bei Maria immer eine freiwillig, willentlich bewusst herbeigeführte Entscheidung war. Und da habe ich eben dann so meine Zweifel. Ich habe ja schon mehrmals angedeutet, dass man auch den Eindruck gewinnen kann, dass Maria eine Getriebene war, ein Mensch, der irgendetwas gesucht, aber letztendlich nie gefunden hat und diese Suche jeweils mit Sex und Alk versucht hat, lebbar, erträglicher zu machen. Sex und Alk habe ich bereits mehrmals als ihre Abhängigkeiten bezeichnet und dies steht natürlich dem Empowerment diametral gegenüber. Also, was denn jetzt?? Ach, lassen wir es doch einfach mal so stehen und machen uns keinen weiteren Kopf darüber. Okay, damit verhalte ich mich auch ein bisschen (?) feige. Aber kann jeder so mutig sein, wie Maria?

28. April 1982

So einfach möchte ich mich hier auch nicht geschlagen geben und habe deshalb noch ein wenig weitergedacht und bin dann bei der Frage gelandet, welchen Charakter hatte Maria? Wenn man ja von jemandem sagt, dass er einen schlechten Charakter hat, dann meint man damit, dass diese Person ein Lump ist, nichts-würdig, eben ein schlechter Mensch. Ein guter Mensch hingegen ist ein Mensch, der nach Tugenden lebt. Ein tugendhafter Mensch ist, ich wiederhole: ist ehrlich, ist freundlich, ist hilfsbereit usw. Er ist es. Warum, weil er eben ein tugendhafter Mensch ist. Für einen Situationist gilt dies so nicht. Er beurteilt einen Menschen, nachdem wie er in gewissen Situationen gehandelt hat. Es wird sein Verhalten danach beurteilt, ob es ein tugendhaftes, also moralisch betrachtet, gutes, einwandfreies Verhalten war. Wenn man nun dem Situationismus folgt, dann muss man berücksichtigen, dass Menschen eben einfach nur gut sind, sondern dass ihr Gut-Sein auch von den äußeren Umständen, eben der betreffenden Situation abhängt. Wenn dir nämlich ein Malheur passiert, dass dir z. B. deine Einkaufstasche herunterfällt und die eingekauften Dinge auf dem Bürgersteig herumpurzeln, ist es von Vorteil, wenn dies in einer ruhigen Nebenstraße passiert. Studien haben ergeben, dass dann die Hilfsbereitschaft anderer Menschen wesentlich höher ist, als wenn dir das gleiche Malheur in einer stark begangenen Fußgängerzone passiert, in der die Menschen schnell und nicht aufeinander achtend, aneinander vorbei hasten. Sollte dies dann noch vor einer Bäckerei passieren, aus der es verführerisch duftet, dann, so besagen wieder diese Studien, wird dir noch eher geholfen, als wenn es sich um ein anonymes Bürohochhaus handelt. Dies bedeutet, dass es sich bei der Tugend doch um eine sehr flexible Sache handelt. Es scheint, als ob es mit dem sogenannten gefestigten Charakter also nicht so weit her ist. Bei Maria kann man nun leicht sehen, dass sie in Situationen, in denen ein Unrecht geschieht, jeweils eingeschritten ist. Sie war, so meine ich mittlerweile aus tiefer Überzeugung heraus, geradezu phobisch, wenn um eine Ungerechtigkeit ging. Dann schritt sie jeweils ein und dies ohne Rücksicht auf Verluste. Da verhielt sie sich tugendhaft und kann somit als eine tugendhafte Person bezeichnet werden. Ob sie damit eine wertvolle Probandin für die o. e. Studien gewesen wäre, sei mal dahingestellt. Aber wenn es um Gerechtigkeit ging, liess sie nie mit sich spassen. Bei anderen Sachen, Gegebenheiten etc. verhält es sich dann schon anders. Das verkompliziert natürlich die Sachlage gewaltig. Und ähnlich wie beim Gegensatz Empowerment-Determinismus finde ich hier wieder meine Grenze, wenn um eine situationsbezogene Tugendbewertung und eine grundsätzlich tugendhafte Person geht. Auch hier wieder spielt das eine in das andere und es fällt wiederum schwer, Maria entweder dem einen oder dem anderen Pol zuordnen zu wollen. Deshalb beginne ich hier nicht schon wieder mit dieser unsäglichen Wirrnis und belasse es dabei. Es geht ja immer um Maria und nicht um eine (pseudo-)philosophische Abhandlung, die jeder Philosophiestudent im 2. Semester besser hinkriegen würde.

24. Dezember 1982

Sorry, kleiner Rückfall, die Katze kann das Mausen nicht lassen. So ganz neu sind diese Erkenntnisse nun auch wieder nicht. Bereits Aristoteles hat darauf hingewiesen, dass einem die Tugenden nicht so einfach in den Schoss fallen. Sie müssen gelernt und eingeübt werden. Erst dann können sie auch charakterlich wirken. Das wird oft vergessen. Tugenden müssen verinnerlicht, internalisiert werden, sonst wirken sie nicht auf die Persönlichkeit. Kommt hinzu, und da sind wir wieder bei Maria, dass man die Not anderer Menschen auch sehen kann, sehen will. Es scheint nun so, dass Maria immer dann auch reagiert hat, wenn irgendwo eine Ungerechtigkeit passierte. Von wo und warum sie diese Kompetenz hatte, kann wieder einmal nur spekuliert werden. Tatsache ist aber, und es gibt einige Beispiele hierfür, dass sie ein ausgebildetes Sensorium hatte, wenn irgendwo eine Ungerechtigkeit im Gange war. Dann schritt sie auch ein und handelte. Ob dies immer situationsadäquat war, sei hier einmal dahingestellt. Und es steht mir auch nicht zu bzw. es ist auch nicht mein Anliegen, ihre Verhaltensweisen hier einer Prüfung zu unterziehen bzw. eventuell sogar noch zu kritisieren. Wenn es um Ungerechtigkeit ging, hat Maria keinen blinden Fleck, das steht fest. Ob sie jeweils auch hilfsbereit war, bin ich mir schon unsicherer. Sie versuchte die Dinge vor Ort zu regeln und, wie es eben so ihre Art war, entschwand sie dann.

9. März 1983

Dieser letzte Satz bringt mich zu der Frage, ob Maria in der Lage war, Mitleid zu verspüren. Könnte es nicht viel mehr sein, dass sie Mitleid als eine Form von Schwäche ausgelegt haben dürfte. Mitleid bedeutet ja auch, dass man sich empathisch in andere hineinversetzen kann. Kann sie dies? Wenn sie eine Situation als ungerecht taxiert hat und auch eingeschritten ist, muss sie wohl in der Lage sein, zu erkennen, dass hier auch jemand oder mehrere Menschen, leiden. Es scheint mir aber eher so zu sein, dass ihr Einschreiten bei Ungerechtigkeit mehr auf sie selbst bezogen gewesen sein muss. Vielleicht hatte sie zeitlebens das Gefühl, vom Schicksal ungerecht behandelt worden zu sein und so sah sie sich jeweils gezwungen, quasi in einer Art Stellvertreter-Situation, bei Ungerechtigkeiten einzuschreiten, um ihr eigenes Schicksal damit bekämpfen zu können. Ich bin mir bewusst, dass diese Vermutung in hohem Masse spekulativ ist. Aber für mich scheint sie nicht ohne Sinn zu sein. Die Wirksamkeit des Mitleids ist ja nicht an ein aktuell vorhandenes Leiden gebunden. Es basiert auf der Erkenntnis und dem Gefühl, dass jegliches Unrecht nicht in Ordnung ist und von daher angegangen werden muss. Man kann auch Mitleid mit jemandem haben, den man nicht kennt. Kann man dann so das selber erlittene Unrecht, das eigene Leiden minimieren. Könnte sein, ich würde dem auf jeden Fall nicht widersprechen. Es wäre so eine Art Widerstandsverhalten, dass man heute mit dem Begriff der Resilienz umschreibt. Also eine Form der Selbstheilung, der sich Maria hier jeweils bedient hat.

22. März 1984

Fassen wir das bisher Gesagte auf einer abstrakten Ebene zusammen, so kommt man nicht umhin, Maria als eine doch eher traurige Gestalt, als ein getriebener Mensch zu kennzeichnen. Aber das ist unsere, meine Außen-Ansicht von ihr. Gut, eine andere habe ich nicht, steht mir (leider) nicht zur Verfügung. Wir können hier also nicht empirisch arbeiten, sondern müssen hermeneutisch aus den unterschiedlichen Kontexten schließen und versuchen, einen Adler'schen roten Faden, eine gewisse Gesetzmäßigkeit in ihrem Leben herausdestillieren zu können. Ein etwas riskantes Unterfangen, wie ich hier zugeben muss. Aber was bleibt mir anderes übrig. Ich habe mich nun einmal auf den Weg gemacht, das Leben von ihr zu rekonstruieren, zu dekonstruieren, wie die Franzosen wohl eher sagen würden. Also nun die Zusammenfassung. Aus meiner, ich wiederhole mich, echt mühsam, wirklich, Sicht, ist das Leben von Maria durch Leiden, Krisen, eine gewisse Art der Hilflosigkeit, der Angst, auch der Hoffnungslosigkeit, durch Verlust und Trauer und schlussendlich durch Einsamkeit geprägt. Kann man das so sehen? Ich denke schon. Aber es muss auch eine andere Seite geben. Aber die zu eruieren, erscheint mir noch schwieriger zu sein als die von mir hier genannten Situationsbeschreibungen. Also machen wir weiter. Es hat ja auch seinen Reiz, zu sehen, was man bei Maria noch alles finden und umschreiben kann. Denke ich jedenfalls.

17. April 1984

War das Leben, das Maria geführt hat, gerecht? Ich bin mir, ehrlich gesagt, nicht ganz sicher, ob man das so überhaupt fragen kann. Was heißt schon: gerecht? Ein Begriff, mit ich im Grunde noch nie so viel anfangen konnte. Die Frage ist ja hier, wie man es sieht, ihr Leben. Hat sie sich ihr Leben selber zuzuschreiben oder hat bei ihr insbesondere das Schicksal unerbittlich zugeschlagen. Ist ein Leben vom jeweiligen Leben her betrachtet, vorherbestimmt oder wieviel können wir überhaupt selber dazu tun. Was soll man tun, um sein Leben zu gestalten, damit es einen Sinn hat. Denn ohne Sinn hat ja alles keinen. Oder andersherum gedacht: Wieviel liegt in unserer eigenen Macht, dass wir selber Einfluss auf unser Leben nehmen können. Was soll man tun? Wie muss man es betrachten, damit es überhaupt einen Sinn ergibt, wenigstens ein kleines bisschen Sinn, würde ja schon ausreichen. Ob sich Maria diesbezüglich Gedanken gemacht hat, wissen wir, wie so vieles andere auch, auch nicht.

18. Februar 1985

Kehren wir zu den Fakten zurück. Tatsache ist, dass Maria immer wieder von Institutionen umgeben war. Seien dies Ämter, Schule, Gerichte, Firmen, Vermieter, Arbeitgeber, Gesundheitssysteme, Bildungsinstitutionen etc. Diese Institutionen, nicht alle waren gerecht oder verhielten sich so, haben einen großen Einfluss ihre Lebensweise genommen und dies von Anfang bis zu ihrem Ende. Das kann man wohl nicht anders sehen. Wie kann man da noch von einer freien Lebensführung sprechen. Und trotzdem hat sie sich bewegt und ihre Entscheidungen getroffen. Es scheint mir so, als ob wir auf die Frage, inwieweit ihr Leben als gerecht bezeichnet werden kann, noch einmal zurückkommen müssen. Für den Moment sehe ich mich außerstande hierzu eine klare Position einnehmen zu können. Aber wer kann das schon?

19. Februar 1985

Es könnte ja sein, dass wenn jemand anderer sich Gedanken zum Leben von Maria macht, zu völlig anderen Schlussfolgerungen kommen würde. Das Datenmaterial ist zwar umfangreich, aber in sich selbst eben auch schon in hohem Masse subjektiv, heterogen. Hier objektiven Daten herauszufiltern, gleicht im Grunde der Quadratur des Kreises, im Grunde ein unmögliches Unterfangen. Trotzdem unternehme ich es, weil es nicht ohne einen gewissen Lustgewinn ist, in einem fremden Leben herumzustochern. Das sei hier einmal zugegeben. Aber natürlich kann man bei jeglicher Interpretation der hier zur Debatte stehenden Lebensverläufe, -abschnitte, -szenen, -ereignisse skeptisch sein und sie immer auch anders verstehen. Dessen bin ich mir bewusst, aber es interessiert mich im Grunde recht wenig. Ich kann ja nur von mir selber ausgehen, ich bin ja nicht jemand anders und mit der empirischen Sozialforschung, wie man da – klassischerweise – eher herangehen würde, habe ich es nicht so. Die Komplexität des Lebens, würde so eine Entscheidung auch als lächerlich bezeichnen. Die Vielfalt eines Lebensverlaufes, vor allem wenn man diesen dann auch noch individuell betrachtet, wie es ja in unserem Fall der Fall ist, kann nicht statistisch erfasst werden. Da muss man mit hermeneutisch geschultem Blick an die Sache bzw. den Menschen herangehen. Wie denn sonst? Ob man das dann als eine kasuistische Vorgehensweise bezeichnen möchte, interessiert mich im Moment auch nicht besonders. Also bleibt ein gewisses Mass an Skeptizismus und das ist gut so. Objektive Wahrheiten gibt es nicht und hat es auch noch nie gegeben. Man kann es so sehen, aber eben auch anders. Man muss einfach Gründe haben, die man vorbringen kann, warum man etwas so sieht und nicht anders. So viel Gedankenarbeit muss dann schon sein. Einfach nur irgendwelche Meinungen in die Luft hinauszuposaunen, ist nicht redlich. Man muss berechtigt sein, etwas zu sagen, wenn man meint, etwas zu sagen zu haben. Aber viele meinen etwas zu sagen zu haben, aber nur wenige sind berufen, dies auch zu tun. Damit muss man wählen und hat die Qual der Wahl. Aber immer noch besser so, als dass man Meinungen von höherer Stelle vorgesetzt erhält.

30. Juli 1986

Nun bin ich an einem Punkt angelangt, wo ich sagen bzw. zugeben muss, dass ich vor der Lebensgestaltung von Maria große Achtung habe. Ich könnte auch sagen, dass ich vor ihr, als Person, eine große Achtung verspüre. Wie rechtfertige ich hier meine Meinung? Es steht für mich fest, dass sich Maria nie hat instrumentalisieren lassen, weder von den Gegebenheiten noch von anderen Menschen oder beidem zusammen. Auch auf die Gefahr hin, dass sie dadurch Nachteile für sich selber in Kauf nehmen musste, hat sie sich nie verbiegen lassen. Ob dieses Verhalten zum Teil nicht auch auf ihrer Sturheit, ihrem Eigensinn beruhte, lassen wir hier so stehen. Es hat wohl schon Situationen in ihrem Leben gegeben, wo es, aus Vernunftgründen angezeigt gewesen wäre, z. B. nicht fortzugehen, oder einen Kompromiss einzugehen oder mit den Leuten zu sprechen etc. Aber hätte das ihrem Charakter entsprochen? Wohl eher nicht. Das habe ich bereits zu einem früheren Zeitpunkt erwähnt. Diese Gradlinigkeit ist es, die mir diese Achtung ihr gegenüber abnötigt, wenn man dem dann so sagen kann.

17. November 1989

Meine Achtung ihr gegenüber speist sich auch dadurch, dass ich glaube sehr wohl erkennen zu können, dass sie sich immer auch für Schwächere eingesetzt hat. Den Lohn dafür hat sie aber nie kassiert. Gerade Letzteres erscheint mir besonders achtenswert zu sein. Vielleicht hätte sie sich an einigen Stellen, bei einigen Geschehnissen noch stärker einbringen können, aber auch das wiederum hätte ihr nicht entsprochen, weil sie dann stärker in den Mittelpunkt eines Geschehens hineingerutscht wäre und das war, so scheint es eben, ihr zutiefst zuwider. Sie hätte sich hierbei dann stärker auf andere Menschen einlassen müssen und das war eben auch nicht ihr Ding. Hierfür hat sie sich nie verpflichtet gefühlt und das war, so meine ich hier, auch nicht gefordert oder anders gesagt: sie war hierzu auch nicht verpflichtet. Sie hat wohl nicht die Verpflichtung gefühlt, die Welt retten zu wollen. Von einem Helfersyndrom war sie nicht befallen. Dies kann als eine Form der Salutogenese verstanden werden. Wohl dem, der so etwas von sich sagen kann. Ich würde Maria letztendlich als eine tugendhafte Person bezeichnen; eingedenk aller Meinungen, die man dagegen vorbringen könnte.

17. September 1991

Ich muss zugeben, dass ich immer so tue, als ob ich über Maria Bescheid wüsste. Ich lasse es mir durch den Kopf gehen und meine dann, dass ich daraus dies oder jenes daraus schließen kann. Das ist natürlich ein ausgewiesener Humbug. Man kann im Grunde nie wissen, was man weiß. Man kann Dinge, Geschehnisse abwägen, verwerfen, neu konzipieren, spitzfindige Schlüsse ziehen und weiß, dass man im Grunde nicht viel weiß. Denn was ist das Wesen des Wissens, doch wohl die Wahrheit. Aber was ist die Wahrheit und wenn man es wüsste, gäbe es dann nur die eine. Ich habe ja schon gesagt, dass wenn jemand anders diese Zeilen schriebe, Maria anders herausgekommen wäre. Was also hier stimmen könnte, wenn man es denn überprüfen würde, was ja ohnehin nicht geht, dann wäre das: Zufall. Aber Wissen und Zufall schließen sich doch gegenseitig aus. Wissen muss ja gesichert sein und Zufälle passieren einfach. Ich kann einfach versichern, dass ich Maria so sehe, wie ich es hier beschreibe. Dass es jemand anderer anders beschreiben würde, ist im Grunde egal, belanglos. Denn diesen Anderen gibt es nicht, mich allerdings schon. Was ich also hier betreibe ist ein Überzeugungsbildungsprozess. Ich versuche mich selbst davon zu überzeugen, dass ich Maria so sehe, wie ich es hier auch beschreibe. Nicht mehr, aber keinesfalls auch nicht weniger. Dafür müssen sie vorliebnehmen oder sie müssen sich selber auf die Suche nach Maria machen. Wer weiß, vielleicht würden Sie sie auch finden. Eben: man weiß es nicht, nie.

4. Februar 1993

Hat Maria oft an ihre Mutter gedacht? Das ist eine hypothetische Frage, die mich aber doch an und ab mal beschäftigt hat. Man kennt ja heutzutage TV-Sendungen, wo eine Reporterin, oder muss man Journalistin sagen, für einen Sender eine Sendung moderiert, in der sie Angehörige von Menschen sucht, die sich an diesen Sender gewandt haben. Von Maria ist so etwas nicht bekannt. Meistens werden übrigens Väter gesucht, die ihre Kinder nur als Säuglinge oder gar nicht gekannt haben. Die Reporterin oder Journalistin macht sich dann auf Grund vager Informationen auf den Weg und sucht dann auf der ganzen Welt diese von der Auftraggebenden so sehnsüchtig vermissten Person. Es kommt dann, ohne Ausnahme, immer zu einem Happy End und die Tochter oder der Sohn schließt seinen Vater (i. d. R.) schluchzend in die Arme. Dann ist dieser Beitrag in der Sendung zu Ende und es kommt ein anderer Fall, wo z. B. eine Schwester ihren Bruder sucht, von dem sie mit ca. 1 2/3 Jahren auf Grund widriger, schicksalshaft bedingter Umstände, getrennt worden ist. Das Ende ist dann wieder wie bereits erwähnt. Man merkt vielleicht schon an meinem süffisanten Unterton, der hier mitschwingt, dass ich mir so eine Szenerie bei Maria nun überhaupt nicht vorstellen kann. Es ist ja gerade ein Markenzeichen von ihr, dass sie ihre Gefühle nie gezeigt hat oder dass sie sich niemandem offenbart hat. Es ist nichts davon bekannt. Könnte dies nun aber gerade darauf hinweisen, dass sie durch ihre Herkunftsgeschichte traumatisiert worden ist und dieser Schmerz für sie einfach übermächtig war, sodass ihr gar nichts anderes übrig blieb, als diesen zu verdrängen, ihn quasi ungeschehen zu machen, was nicht da ist, hat auch keine Vergangenheit, keine Geschichte.

20. April 1995

Es könnte aber auch sein, dass es ihr schlicht und einfach egal war. Vielleicht hat sie kaum je einmal an ihre Mutter, einen Vater muss es ja wohl auch gegeben haben, gedacht. Möglich, dass es sie überhaupt nicht belastet hat. Vielleicht hat sie ihre Situation sogar als offen, als befreiend empfunden. Sie kannte keine familiären Fesseln. Sie musste nie an irgendwelchen obligaten Verwandtschaftstreffen teilnehmen. Im Grunde, so denke ich, ein beneidenswerter Gedanke, manchmal wenigstens. Tatsache ist aber auch, dass sie selber Kinder geboren hat. War das für sie ein Problem? Möglich; aber hätte es nicht ihre Lebensweise auf das Massivste verändern müssen. Sie hätte dann ja Verantwortung übernehmen müssen. Aber der Weg ihrer Kinder war ein anderer. Ich gehe nicht davon aus, dass sie sich dieser entzogen hätte, so würde ich Maria nie einschätzen. Aber man weiß es nicht und spekuliert wieder einmal wild in der Gegend herum. Was hat denn ihre Mutter getan? Gut, auch hier weiß man über die Beweggründe ihres Verhaltens nichts. Die Mutter hat sich nie bei einem TV-Sender, soweit mir bekannt ist, gemeldet, um nach ihrer Tochter zu suchen. Wäre doch eine Geschichte für eine Weihnachtsgeschichte gewesen. Aber so spielt das Leben nicht. Einschaltquoten haben für das Leben keine Relevanz.

16. Juni 1998

Je länger je mehr, stelle ich mir die Frage, wie ein Mensch überhaupt dargestellt, erfasst werden kann. Ich habe da ja bislang mehrere Anläufe unternommen, in diverse Richtungen meine Peilsender eingestellt und versucht, Signale aufzufangen, die mir helfen sollen, ein mehr oder weniger stimmiges Bild von Maria zu zeichnen. Dies, wie auch bereits ausführt, mit allem Dafür und Dawider. Man muss das Wesentliche einer Person, ihre Gestalt, ihre Morphologie zu erfassen versuchen. Damit meine ich nun überhaupt nicht das Äußerliche, sondern ihren Kern, ihren Charakter, überdauernde Züge. Dabei sind Beobachtungen notwendig. Dabei muss ich gestehen, dass ich Maria selber nie gesehen habe. Ich stütze mich also ausschließlich auf Fremdbeobachtungen und man fragt sich, ob denn so etwas überhaupt zulässig ist oder als seriöse Vorgehensweise bezeichnet werden kann. Kann es natürlich nicht und trotzdem, erlaube ich es mir hier. Wer sollte das Recht haben, es mir zu verbieten. Es geht also um die Taten von Maria, das Beobachten ihres Handelns bzw. Nicht-Handelns. Ich versuche also von ihren Taten, Untaten, Nicht-Taten auf den Menschen in seiner Gesamtheit zu schließen. Dabei geht es, davon bin ich überzeugt, um Bedeutsamkeiten. Was war für Maria von Bedeutung und was eben nicht oder was eventuell ein bisschen oder was zu einer gewissen Zeit sehr stark sein konnte, ließ dann aber genauso stark nach.

6. April 2000

Ziehen wir hier die sieben Arten von Prima-facie-Pflichten (W. D. Ross) heran und schauen wir einmal darauf, wie wir diese mit dem Leben von Maria in eine Beziehung setzen können. Unter Prima-facie-Pflichten versteht man in der Ethik moralische Pflichten, die sich in einem Widerstreit unterschiedlicher Interessen bewegen können und die man auf Grund seiner Intuition bewerten muss. Diese Theorie hat der schottische Philosoph William David Ross konzipiert und ich finde sie sehr einleuchtend. Ross hat sieben Prima-facie-Pflichten formuliert. Da ist einmal die Pflicht, Versprechen zu halten. Soweit mir das bekannt geworden ist, hat Maria ihre Versprechungen immer gehalten. Vielleicht hat sie sie sogar zu stark, zu oft gehalten. Könnte ich mir gut vorstellen. Andererseits vermute ich auch, dass sie, was Versprechungen angeht, wohl sehr zurückhaltend ist und lieber keine Versprechungen abgibt als eines zuviel, welches sie dann vielleicht nicht zu halten in der Lage ist. Im Weiteren gibt es die Wiedergutmachungspflichten. Hier hat wohl Maria nichts wieder gut zu machen. Was denn auch? Hat sie Schuld auf sich geladen, wohl eher nicht. Vielleicht haben andere Menschen, das Schicksal, die Gesellschaft sich an ihr schuldig gemacht. So würde wohl schon eher ein Schuh draus. Also da hat sie sicherlich nichts gutzumachen. Ich wüsste beim besten Willen nicht was. Dann gibt es die Dankbarkeitspflichten. Selten so gelacht, kann ich da nur sagen. Dankbarkeit wofür? Für ihr Schicksal, dafür, dass sie wurzellos in eine Gemeinschaft geworfen wurde, die sicherlich nicht auf sie gewartet hat und die sie dann nolens volens überleben ließ. Auch da wüsste ich nicht wofür. Pflichten der Gerechtigkeit, wäre eine vierte Verpflichtung. Ja, für Gerechtigkeit hat sie sich immer wieder eingesetzt. Dieser Pflicht ist sie wohl immer wieder mal gerecht geworden. Ich würde sogar so weit gehen, dass sie sich hierbei wohl eher über als unter dem Durchschnitt westlicher Mittel-Europäer befunden hat. Wohltätigkeitspflichten wäre eine weitere Sache, die man mit Maria ohne weiteres in Verbindung bringen kann. Sie hat immer abgegeben, auch wenn sie sich dabei sogar strafbar gemacht hat. Dies dann, wenn sie davon ausging, dass im Grunde niemand bei ihrer Wohltätigkeit zu Schaden kommen würde. Das ist verbürgt und belegt. Da beisst die Maus keinen Faden ab. Woher sie die Kraft und das Bewusstsein hatte, auch an andere Menschen zu denken und dann auch noch dementsprechend zu handeln, ist für mich ein Rätsel. Aber es heisst ja, dass nichts Gutes gäbe, ausser man tue es (Erich Kästner). Danach hat sie gelebt und immer wieder auch gehandelt. Mehr kann man dazu wohl nicht sagen. Dann wären wir bei den Pflichten der Selbstvervollkommnung angelangt. Dies scheint mir dann eher ein dunkler Punkt in Marias Leben zu sein. Promiskuitives Verhalten und Alk können wohl kaum als eine Form der Selbstvervollkommnung bezeichnet werden. Das muss man so sagen und es auch so stehen lassen. Die letzte und sicherlich eine der wichtigsten Pflichten besteht darin, dass man anderen keinen Schaden zufügt. Hierbei hat Maria sicherlich eine weiße Weste, eine sehr weiße sogar. Wem hat sie geschadet, wem ein Leid angetan. Da lässt sich nichts finden, auch wenn man mit der Lupe bei Vollmond suchen geht. Keine Chance. Sie steht in keiner Schuld.

16. Mai 2001

Was ja im Leben von Maria auffällig ist, dass sie sich nie in Gruppen bewegt hat oder sich zu Gruppen zugehörig gefühlt hat. Auch als sie jung war, gehörte sie ja bekanntlich zu einer Sportgruppe, war dort aber, soweit bekannt geworden ist, nie ein die Gruppe tragendes Element. Sie betrieb ja eine gewisse Zeit lang auch eine Einzelsportart, bei der man zwar auf andere, auf Trainingspartnerinnen angewiesen ist, aber man letztendlich in einem Wettkampf völlig auf sich alleine gestellt ist. Diese Konstellation, so kann man stark annehmen, entsprach ihr und kam ihrem Naturell entgegen. Und auch in anderen Lebensabschnitten verhielt sie sich sehr individualistisch und schloss sich nie irgendeiner Gruppe an. Auch von einer Freundin, einer engen Vertrauten ist mir nichts bekannt. Da ist man natürlich geneigt, zu fragen, warum dem so ist. Warum hat sich Maria nie mit einer Gruppe identifizieren können und warum hatte sie nie eine enge Freundin. Auch mit einem Mann hat sie nie zusammengelebt, bis auf die Zeit ihrer Verheiratung. Aber die Ehe hielt ja bekannterweise nicht. Über die Gründe hat man nie etwas erfahren. Auch der Kontakt zu ihren beiden Töchtern muss irgendwie, gelinde gesagt, etwas komisch gewesen sein. Denn als diese erwachsen waren, sind beide jeweils direkt ausgezogen und es macht den Anschein, dass dann die Kontakte, auf jeden Fall von Maria her betrachtet, sehr locker gewesen sein müssen. Könnte natürlich sein, dass hierbei ihr eigenes Schicksal eine wesentliche Rolle gespielt hat. Tatsache ist auf jeden Fall, dass sie immer bemüht war, ihr Leben mit sich alleine abzumachen und sich nie an jemanden gebunden gefühlt hat.

Kann dies nun als Freiheit oder Einsamkeit bezeichnet werden oder gibt es die Freiheit im Grunde nur um den Preis der Einsamkeit willen. Maria hat es so gewählt, so gelebt und ist wohl auch so gestorben. Sie starb allein.

6. Juni 2002

Nun mal von Frau zu Frau; wie kann das Verhältnis von Maria zu Männern beschrieben werden. Kann man sie sich als emanzipiert vorstellen? Würde sie oder hat sie bei me-too mitgemacht? Ich denke nicht. Nicht weil sie mit diesen Ideen nicht einverstanden gegangen wäre, sondern weil sie wohl stets eine Abneigung gegen Organisationen jeder Art hat. Maria ist kein Vereinsmensch, kein geselliger Mensch und ihre Autonomie kommt immer vor Ideologie. Wie war nun also ihr Verhältnis zu Männern. Dass sie sehr viele Männer kannte und sich auch in Männergesellschaften aufhielt, ist bekannt. Bekannt ist aber auch, dass sie sich der Männer bedient hat. Wir würden damit erneut auf die in der Ethik als sehr wichtig erachtete Zweckformel stoßen. Die besagt ja bekanntlich, dass man keinen anderen Menschen als Mittel, sondern immer als Zweck seiner selbst betrachten und ihm auch so begegnen muss. Wir sind dieser Formel hier schon begegnet. Da käme man dann schon zu der Ansicht, dass sich Maria wohl eher weniger darangehalten hat. Es gab wohl viele Männer in ihrem Leben, aber es dünkt mich schon eher so, dass sie diese als Droge verwendet hat, um für einige Momente aus ihrem Leben fliehen zu können. Konnte sie sich in diesen Momenten intimer Umarmung selbst vergessen. Möglich. Es wäre dann jeweils der kleine Tod gewesen. Aber folgt darauf nicht immer auch ein Kater, eine Depression, ein Niedergeschlagen-Sein? Auch möglich. Darüber gesprochen hat sie nie. Aber ihr Verhältnis zum anderen Geschlecht muss schon als etwas eigenartig bezeichnet werden. Es kann sich nicht um eine erfüllende Sexualität gehandelt haben, vermute ich. Aber es war für sie eine Möglichkeit, zu überleben. Sie konnte sich spüren und ihrer Einsamkeit, von der ich je länger je mehr überzeugt bin, sekundenweise entfliehen. Aber über allem steht bei ihr der Wunsch niemandem zu gehören, keine Verbindung, auf jeden Fall keine tiefere Verbindung zu einem anderen Menschen zu haben, sei es Mann oder Frau. Sie gehört nur sich selber, ist sich selber die Nächste. Das ist von Beginn an so und hat sich zeit ihres Lebens nicht geändert.

23. Dezember 2008

Kann Maria als egozentrisch oder sogar als narzisstisch bezeichnet werden? Ihre Verhaltensweisen könn(t)en ja auch so interpretiert werden, dass sie letztendlich nichts anderes als eine Fassade darstellen. «Ich gebe mich unnahbar, gehe wohin und wann ich will und alles andere kümmert mich herzlich wenig». So in etwa könnte man es ja auch auffassen. Hat Maria mit aller Kraft immer wieder versucht, zu vermeiden, sich so zu zeigen, wie sie wirklich ist oder wie sich wirklich fühlt? Gibt es demnach bei ihr eine große Diskrepanz zwischen innerer Befindlichkeit, ihrem Fühlen und Denken und ihrer Außendarstellung? Sie tritt ja immer sehr selbstbestimmt, ja geradezu stolz auf, fühlt sich aber innerlich klein und unsicher. Könnte es sich so verhalten? Sehnte sie sich nicht ihr ganzes Leben lang nach Liebe und Anerkennung und wenn sie diese erhielt, lief sie davon weg, weil sie es nicht aushalten konnte? So war sie immer wieder allein, obwohl sie gerade dies eigentlich nicht sein wollte. War sie vielleicht von Selbstzweifeln gequält? Das würde ja dann bedeuten, dass sie mit einem falschen, vorgespiegelten Selbst durch die Welt ging. Ein falsches Selbst hätte als Konsequenz eine innere Leere, eine seelische Verarmung. Aber ich denke, dass dies alles so nicht zutrifft. Ich schätze Maria als eine selbstsichere Person ein, bei der das äußere Bild mit dem inneren Empfinden kongruent ist. Ich kann es mir einfach nicht anders vorstellen. Möglich, dass hier auch etwas Bewunderung für sie mitschwingt. Ja, warum denn nicht. Sie lebt ihr Leben und muss tagtäglich schauen, wie sie mit der Gesellschaft, mit ihrer Umwelt, mit den anderen Menschen irgendwie klarkommt, weil alle diese Wirkkräfte nicht mit ihrer Lebensweise einig gehen können oder auch wollen. Sie ist und war unbeugsam und versuchte so wenig wie möglich sich von anderen Menschen abhängig zu machen. Vielleicht wäre sie auf einer einsamen Insel glücklicher geworden. Eine Insel, mit einigen Tieren; aber vielleicht idealisiere ich hier gewaltig und sie hätte dort gar nicht überleben können. Vielleicht konnte sie nur als Grossstadtpflanze existieren. Vertrackt. Aber ich wehre mich nach vor daran zu glauben, dass ihre Personalität nur eine Fassade sein soll. Das kann und will ich nicht akzeptieren. Ein Beweis für meine hier vorgebrachte These ist die, dass ich davon ausgehe, dass Maria keine Angst vor Liebesverlust hatte. Sie hatte von Geburt an, ich denke, dass diese sogar dafür verantwortlich zeichnet, eine Eigenständigkeit, die es ihr in den verschiedenen Lebenssituationen, die man in einer modernen industrialisierten Wohlstandsgesellschaft durchlaufen muss, mitbekommen, erworben, die sie zu einer in sich geschlossenen Einheit formte.

25. Juli 2010

Hat Maria Sehnsucht, Sehnsüchte, Wünsche, Träume und dergleichen mehr? Sie muss das haben. Warum? Jeder Mensch hat das. Maria ist ein Mensch, ergo hat sie das. So einfach ist das, manchmal. Aber welche Inhalte haben diese Sehnsüchte. Vielleicht hätte sie sich einen intensiveren Kontakt zu ihren beiden Töchtern gewünscht. Aber die sind weggegangen, wurden ihr genommen. Ist das vielleicht eine Duplizität der Ereignisse, die mit ihrem eigenen Leben in irgendeiner Form zusammenhängen. Dieses wurde ihr ja auch, was die familiären Bindungen anbelangt, in irgendeiner Form genommen bzw. sie hat sie nie erhalten. Was für Wünsche hatte sie mit ihrem angeheirateten Mann. Von dem weiß man gar nichts, es war auch nichts hierzu herausbekommen, wie ich zu meiner Schande hier gestehen muss. Verschwand einfach. Hatte sie Sehnsucht nach ihm, könnte schon so gewesen sein. Was hatte sie sich von ihrem Leben erhofft? Ruhe, Geborgenheit, Frieden. Könnte schon auch so gewesen sein. Vielleicht sogar eine Villa mit einem Kleintierzoo. Warum eigentlich nicht? Vielleicht auch nur einen Labrador. Oder ein eigenes Auto, mit dem sie dann hätte durch die Gegend rasen können. Einen Führerschein hatte sie ja. Soviel ich weiß, hatte sie einmal für eine gewisse Zeit einen hellblauen VW-Käfer. Aber mehr weiß ich hierzu nicht zu sagen. Vielleicht wäre sie gerne Truckerfahrerin gewesen, ein trucker-babe sozusagen. Hätte ich mir vorstellen können. Aber es gibt keine Hinweise darauf. Schade eigentlich. Diesen Faden könnte man natürlich endlos weiterspinnen. Aber warum sollte man, was würde es bringen. Halten wir uns lieber an die Fakten, die sind greifbar, liegen vor uns und wir müssen uns nur die Mühe machen, diese auch aufheben zu wollen. Also lassen wir das spintisieren. Wäre wohl auch in ihrem Sinne.

27. Februar 2011

Kann man Maria als eine stolze, eine ZU stolze Person bezeichnen. Antwort: Ja, kann man. Andere Antwort: Nein, kann man nicht. Natürlich macht es hie und da den Anschein, als ob sie stolz gewesen wäre, weil sie nur sich selbst im Kopf hatte. Stolz ist ja der Vorhof des Narzissmus. Deswegen müsste man, wenn man konsequent vorgehen wollte, auch fragen, ob sie als eine Art Narzisstin gelten würde. Da würde man dann bei psychiatrischen Diagnosen, Einschätzungen landen und das möchte ich hier nun wirklich nicht tun. Warum auch? Stolz hat ja etwas damit zu tun, dass man sich gut fühlt, weil man etwas geleistet hat oder die Umwelt findet, dass man etwas Besonderes vollbracht hat und man deshalb das Recht, den Anspruch darauf hat, sich stolz zu fühlen. Stolz ist ja im Grunde kein Gefühl, sondern er löst eines aus, nämlich dass man sich gut fühlt. Stolz ergibt angenehme Gefühle. Aber man muss und das ist jetzt hier das Entscheidende, die Situation dergestalt interpretieren, dass diese Stolz auslöst. Sei es, dass man es von der Umwelt, von außen zugewiesen erhält, so im Sinne von: Darauf darfst du jetzt wirklich stolz sein oder dass man zu sich selber sagt: Hey, hast du gut gemacht, toll hingekriegt und deshalb kannst du dir eine Prise Stolz erlauben. Ich kann mir nun aber beim besten Willen nicht vorstellen, dass sich Maria mit solchen Gedankengängen beschäftigt, geschweige denn damit auseinandergesetzt hat. Ich glaube einfach nicht, dass sie zu sich selber gesagt oder gedacht hat: Hey, das hast du aber prima hingekriegt. Geht einfach nicht, passt für mich nicht zu dem Bild, das ich von ihr habe oder dass ich für mich hier zurechtzimmere. Auf der anderen Seite kann ich mir genauso wenig vorstellen, dass sie von außen die Form der Bewunderung erhalten hat, die dann bei ihr in der Art und Weise auch angekommen ist, dass sie quasi sich stolz fühlen konnte, weil ihr dieser zugewiesen worden wäre. Geht auch nicht, tut mir leid. Stolz und Maria; das geht einfach nicht zum zusammen.

1. April 2013

Wie war das für Maria als sie zu registrieren begann, dass es mit ihrem Leben demnächst zu Ende gehen wird? War sie froh darüber? Verfiel sie in eine Depression? Hat sie diese Gedanken an ihr Ableben einfach verdrängt. Geht das. Jetzt lebe ich noch und einen Moment später ist dieses Leben, das mein Leben ist, weg. Und der Gedanke, jetzt ist das Leben weg, ist schon gar nicht mehr denkbar, weil er schon zum Jenseits gehört. Dabei, so denke ich jetzt, glaube ich nicht, dass Maria an ein solches Jenseits geglaubt hat oder glaubt. Vielleicht denkt sie eher an den alten Spruch, dass wenn ich noch lebe, brauche ich mich um den Tod nicht zu kümmern, weil er ja nicht hier ist und wenn ich gestorben bin, spielt es eh auch keine Rolle mehr. Aber hat nicht jeder Mensch Angst vor dem Tod oder besser, vor dem Sterben. Diese Angst hat ja biologische Wurzeln und hängt mit dem Überlebenstrieb jeglichen Lebens zusammen. Jedes Leben will ja leben, inmitten von Leben, das leben will (sinngemäß: Albert Schweitzer). Also ist sterben eben doch nicht so einfach und kann auch für Maria nicht einfach sein. Aber ich könnte mir schon vorstellen, dass es für Maria etwas einfacher sein könnte als für andere Menschen. Sie lebte ja immer wieder am Rande der Gesellschaft und fühlte sich nie so richtig einer Gemeinschaft zugehörig. Wer würde um sie trauern. Vielleicht ihre Töchter, ihr Ex-Mann, sofern diese denn von ihrem Tod überhaupt etwas erfahren würden. Vielleicht stirbt sie ja in völliger Einsamkeit. Gewisse Belege sprechen eher dafür, dass sie völlig allein stirbt. So wie sie auch völlig allein auf diese Welt kam. Könnte schon sein, dass Maria eine etwas reduzierte Ur-Angst vor dem Tod hat. Könnte ebenfalls sein, dass Vergänglichkeit für sie eine andere Bedeutung hat als für uns doch eher bürgerlich lebende, orientierte Menschen. Weil Vergänglichkeit wohl nicht diese hohe Bedeutung für sie darstellt, ist und war es wohl für sie auch immer wieder möglich, ihren Lebensmittelpunkt zu verschieben und woanders hinzugehen. Sie hat nirgends Wurzeln geschlagen, wie ich auch schon hier festgestellt habe. Und deshalb vermute ich, dass der Gedanke an das eigene Ende für sie nicht von einer solchen Panik besetzt war, wie es vielleicht für mich einmal sein wird. Maria ist ja durch und durch Realistin und deshalb weiß sie natürlich auch, dass wenn der Tod an die eigene Türe pocht, er so oder so hereinkommt, egal ob man ihm die Pforte öffnet oder krampfhaft bemüht ist, diese zu schließen. Er hat den Fuß schon drin. Es wäre ohnehin sinnlos. Wenn die Uhr nicht mehr tickt, bleibt sie stehen und ist dann eben auch keine solche mehr. So einfach ist das und so wird es wohl Maria auch sehen, verstehen. Vielleicht denkt sie auch, dass Leben, vor allem auch ihr eigenes, doch eher als eine Krankheit hin zum Tode zu verstehen ist. Das Leben endet ja bekanntlich immer tödlich. Ausnahmen sind bislang noch nicht bekannt geworden und wenn es behauptet wird, dann fällt der Nachweis doch ausgesprochen schwer. Ich könnte mir schon gut vorstellen, dass ihre Gedankengänge so in etwa in diese Richtung laufen.

23. Dezember 2017

Was mich immer mal wieder beschäftigt hat, war die Frage nach der Körperlichkeit von Maria. Man könnte auch von ihrer Leiblichkeit sprechen. Ein Begriff, den man heute kaum noch hört oder liest, der aber meines Erachtens besser ausdrückt, worum es mir hier geht. Soweit ich in der Lage bin, es überhaupt zu beurteilen, ist Maria wohl kaum eine Person des Wortes. Sie spricht wohl mehr mit ihrem Körper oder anders gesagt, sie lässt diesen für sich sprechen. Da ist zum einen ihre Tätigkeit als Sportlerin, wo sie wohl, so ist es belegt, in einer Kampfsportart gewisse Meriten erreichte. Diese Sportart ist durch einen hohen Grad an Körperlichkeit gekennzeichnet und Körperkontakt spielt hierbei eine entscheidende Rolle.

Kommt hinzu, dass sie von Natur aus, als sehr kräftig beschrieben wird. Auch das ein Ausdruck ihres Körpergefühls. Möglich auch, dass sich ein besonderes Gespür für ihren eigenen Körper ausbildete, weil sie wohl während ihrer Säuglings- und Kleinkindphase wohl eher weniger Körperkontakt zu anderen Menschen hatte, zumal sie keine Bezugsperson in dieser wichtigen Zeitspanne hatte. Wer sollte das denn auch gewesen sein. Erwähnt werden muss auch, dass Maria eine starke Raucherin ist. Rauen ist ja im Grunde nichts anderes, als seinen Körper über seine Lunge wahrzunehmen. Welchen Sinn sollte es sonst haben. Ein weiterer Bezugspunkt, der für eine gesteigerte Körperlichkeit, ein gesteigertes Körperempfinden bei Maria spricht, ist ihre Affinität zur Sexualität, zu sexuellen Kontakten. Diese Reminiszenzen durchziehen nahezu ihr gesamtes Leben und müssen ihr nicht weiter wiedergegeben werden. Ein weiteres Indiz, das ebenfalls einen nicht geringen Einfluss auf ihre Leiblichkeit hat, ist der Genuss von Alkohol. Diesem hat sie bereits in jungen Jahren zugesprochen und es ist wohl im Laufe ihres Lebens nicht und nie weniger geworden. Wer auf der Straße lebt, dies ein weiterer Bezugspunkt, der das Körperliche in sogar starkem Masse anspricht, erfährt Hitze und Kälte in einem weitaus stärkeren Mass, als wenn sich diese Person in einer Wohnung befindet. Eine Wohnung stellt so etwas wie eine Hülle dar, die Kälte und Hitze vor dem Körper des Menschen absorbiert und die Temperatur auf ein adäquates, sprich bequemes Mass einpendelt. Wer Tag und Nacht draußen lebt, leben muss, hat diesen Ausgleich nicht. Er ist dem Wetter mehr oder weniger schutzlos ausgesetzt, was diesen Menschen ungleich stärker seiner eigenen Körperlichkeit ausliefert. Könnte auch sein, dass dieses auf den eigenen Leib hin orientierte Leben von Maria, sie von anderen Menschen eher distanziert hat. Könnte sein. Nicht unerwähnt bleiben darf natürlich auch nicht die Tatsache, dass sie zwei Kinder geboren hat, was wohl für jede Frau ein besonderes Ereignis ist und das von ihrer Körperlichkeit gar nicht zu trennen ist. So ist jedenfalls meine eigene Erfahrung. Wenn man diese hier analytische erwähnten Bereiche in einem etwas ganzheitlicherem Lichte betrachtet, so kommt man nicht umhin festzustellen, dass ihre Leiblichkeit, ihr Körper für sie eine besondere Rolle spielt. Diesen Leib hat sie und ob sie damit immer ausreichend sorgsam umgegangen ist, steht wiederum auf einem anderen Blatt.

23. November 2018

Durch ihre Gradlinigkeit, ihr stetes Eintreten für Gerechtigkeit, war es ihr möglich, ihre eigenen Charaktere, wenn man so will, zusammenzuhalten. Damit beweist sie Mut und auch eine gewisse Form eines Optimismus und zeigt auch, dass wenn sie von einem Ort weg und zu einem anderen hingeht, ein gerütteltes Mass an Hoffnung, an Durchhaltewillen und -vermögen. Sie macht ja, bzw. verhält sich konstant immer gleich, auch wenn sie den Erdteil wechselt oder ihre Tätigkeit. Das sind alles Nebensächlichkeiten, die ihr Wesen nicht ausmachen, geschweige denn verändern. Maria muss als psychisch gesund bewertet werden. Das ist meine Meinung und man beweise mir das Gegenteil. Denn wenn sich eine Tür vor ihr geschlossen hat, warum auch immer, so war sie doch immer auch wieder in der Lage, den Umriss einer neuen Tür zu entdecken, zu sehen und durch diese hindurchzugehen. Aber man wird wohl nicht umhinkommen, Maria als eine äußerst schillernde Person zu beschreiben und gibt mit dieser Aussage gleichzeitig zu, dass man sie nie wird restlos, umfassend begreifen können, oder ihr umfassend gerecht werden.

22. Oktober 2020

Hatte sie das Gefühl, sie hätte noch dieses oder jenes tun sollen? Aber man kann ja, bekanntlicherweise, nur das sollen, was man auch können kann. Hatte sie also eine große, breit angelegte Verfügungsgewalt über sich und ihr Leben? Fast scheint es so, weil es ja so den Anschein macht, dass sie immer nur das gemacht oder gelassen hat, was ihr gepasst hat. Oder spielte sich ihr Leben eher in einem engen Korsett ab? Für mich als außenstehende Person, ist das ganz schwierig zu entscheiden. Fragen kann man sie ja nicht. Nicht mehr. Nur Rückschlüsse sind möglich. Aber was schließt man da? Sind in diesen Schlüssen nicht wesentlich mehr Eigenanteile enthalten, als dass man von einem reinen Rückschluss auf Maria selber schließen könnte. Ich merke schon, dass ich drauf und dran bin, mich in Teufels Küche zu begeben. Die Szene wird zum Tribunal, krächzen die Kraniche des Ibykus. Wer zählt die Völker, nennt die Namen … (F. Schiller).

26. Oktober 2020

Aber befindet sich vor diesem Tribunal, ich oder Maria?

PERSONEN

Funktion

Admira Markovic
Kindergärtnerin im Montessori Kinderhaus in Köln

Ali
Besitzer der Umzugs- u. Reinigungsfirma Leopard

Anita
Abteilungsleiterin im Hildegardis Krankenhaus, Köln

Christa
Kinderkrankenschwester im Krankenhaus Köln-Kalk

Clara
10-jähriges Mädchen, das in der Heilpäd. Großfamilie Sanner lebt

Corinna
Nachbarin

Dieter
Besitzer des Riesenrads am Oktoberfest in München

Elisabeth und Gerlinde
Zwei Mitarbeiterinnen im Frauen-Haus der Heilsarmee in Köln-Ehrenfeld

Berni
Sportstudent in Köln und Judotrainer im 'Samurai'

Felix, Markus, Heidi
Mitarbeiter im Jugendpark im Rheinpark in Köln

Flocke, Conny
Prüfer bei der Dan-Prüfung

Freischütz
Freiwillige der Telefon-Seelsorge

Frings, Herr
Rektor der Sonderschule für Verhaltensauffällige

Hartmut Walzenmüller
Chef der Sport-Center Samurai, Ex-Europameister Judo

Hella
Bäckereifachverkäuferin in der Bäckerei Mäzenisch

Immanuel
Vorarbeiter auf der Plantage Nuevo Colonia auf P. Rico

Jupp
Sozialpädagoge (FH) im Hospiz

Jürgen
Judo-Trainer in der Sport-Center Samurai

Karsulzke, Herr und Frau
Zweite Pflegefamilie

Klingenbiel, Herr und Frau
Erste Pflegeeltern

Kollupke, Dr. med., Herr
Assistenzarzt im Hildegardis Krankenhaus, Köln

Kowalski, Herr
Jurist beim Jugendamt in Köln

Leistenbrink, Frau
Diplom-Psychologin an der Polizei-Schule in Münster

Lerbern, von, Herr
Leiter des Schulpsychologischen Dienstes

Loppmann, Jimmy
Prüfer bei der Dan-Prüfung, Bundestrainer für Frauen

Manuel
Zivildienstleistender im Hospiz

Manuela
Nachbarin

Mäzenisch, Herr
Besitzer der gleichnamigen Bäckerei in Köln

Meyer, Frau
Vertrauenslehrerin an der Realschule

Meier, Dr. med.
Arzt, zuständig für Kinder des Montessori-Kinderhauses

Monica Sack
Leiterin des Montessori-Kinderhauses in Köln

Popi
Freiwillige der Telefon-Seelsorge

Rahel, Krankenschwester
Kinderheim am Niehler Damm in Köln

Milewski, Herr
Sonderschullehrer an der Ss für Verhaltensauffällige

Rosalie
Kindergärtnerin einer anderen Gruppe im Kinderhaus

Salvatore
CEO der Plantage Nuevo Colonia auf Puerto Rico

Sanner, Ilse und Moritz
Leiter der Heilpädagogischen Grossfamilie

Schmitt, Kalle
Ausbildungsleiter an der Polizei-Schule in Münster

Schmitz, Frau
Jugendamt Köln

Silvia Eisenhut
Pädagogische Mitarbeiterin im Montessori-Kindernhaus

Tom
Freier Mitarbeiter beim Riesenrad in München

Ulla und Kim
Zwei Mütter aus dem Montessori-Kinderhaus in Köln

Wiggener, Rolf
Prüfer bei der Dan-Prüfung

Jahr	Aktivität	Alter
1951	Maria wird am Dom ausgesetzt	Geburt
1952	Erste Pflegeeltern (Fam. Kliengenbiel), Frau Schmitz vom Jugendamt	1
1953	Abbruch der ersten Pflegschaft	2
1954	Zwei Mütter aus dem Kindergarten	3
1955	Gespräch der professionellen Betreuerinnen aus dem Kindergarten	4
1956	Zweite Pflegschaft, (Fam. Grünebohm), abgebrochen	5
1957	Gespräch Schulpsychologischer Dienst und Kindergarten	6
1958		7
1959	Streit auf dem Spielplatz	8
1960		9
1961		10
1962	Dritte Pflegschaft in der Heilpädagogischen Großfamilie Sanner	11
1963	Übertritt aus der Sonderschule in die Realschule	12
1964	Gespräch der Vertrauenslehrerin mit vier Mädchen	13
1965	Beginn des Judo-Unterrichts; wird im Schullager vorzeitig nach Hause geschickt	14

1966	Zwei Mädchen aus der Judogruppe unterhalten sich	15
1967	Der Leiter der Heilpäd. Großfamilie unterhält sich mit einem Kind	16
1968	Anlässlich eines Judoturniers unterhalten sich der Trainer und der Besitzer	17
1969	Ende der Pflegschaft i.d. Großfamilie; Lehrabschluss	18
1970		19
1971	Erfolgreiche Prüfung zum 1. Dan Judo	20
1972	Bruch des Sprunggelenks anlässlich eines Kaderlehrganges (Judo)	21
1973	Zwei männliche Judoka unterhalten sich in der Sauna	22
1974	Hochzeit, Geburt der ersten Tochter, Trauzeugen Hr. u. Frau Sanner, erfolgreicher Abschluss der Begabten Sonderprüfung	23
1975	Zwei Fahrlehrer unterhalten sich; Vier Psychotherapeuten unterhalten sich	24
1976	Geburt der zweiten Tochter, Abbruch des Studiums	25
1977	Diebstahl in der Kneipe	26
1978	Arbeit auf dem Oktober-Fest in München	27
1979	Einsatz beim Escort-Service, sofortiger Abbruch	28
1980	Zwei Nachbarinnen unterhalten sich	29
1981	Sitzung des Leitungsteams des Jugendparks im Rheinpark, Köln	30
1982	Zwei Schwestern, die beiden Töchter, unterhalten sich; Aufnahmeprüfung bei der Polizeischule bestanden, Ausbildung nicht angetreten	31

1983	Scheidung; Diskussion beim 2. Staatsexamen für Juristen	32
1984	Scheidung wird durch das Gericht bestätigt	33
1985	Alkohol-Entgiftung in der Psychiatrie; Ausnüchterungszelle anlässlich des Rosen-Montags-Zug in Köln	34
1986	Drückerkolonne in Düsseldorf	35
1987		36
1988		37
1989	Arbeit in einer Putzkolonne im Kölner Dom	38
1990		39
1991	Arbeit auf einer Alp in den Bayerischen Alpen	40
1992		41
1993	Vor Gericht wegen wiederholtem Schwarzfahrens und Ladendiebstahls	42
1994		43
1995	Fremdenführerin in Sardinien	44
1996		45
1997		46
1998	Führungen im Kölner Zoo	47
1999		48
2000	Anonyme Alkoholiker	49
2001		50
2002	Nuevo Colonia, Kaffee-Plantage auf Puerto Rico	51
2003		52
2004		53
2005		54
2006		55
2007		56
2008	Zwei nichtsesshaft lebende Männer unterhalten sich beim Rievkooche Charley	57

2009		58
2010		59
2011		60
2012		61
2013	Putzkraft bei der Umzugs- u. Reinigungsfirma Leopard	62
2014		63
2015	Rentenbescheid	64
2016		65
2017	Zwei Freiwillige bei der Telefon-Seelsorge unterhalten sich	66
2018	Heim der Heilsarmee in Köln	67
2019		68
2020	Tod, Hospiz; Begräbnis	69

Die Autorin

Rebecca Tuchscherer wurde 1987 in Köln geboren. Sie absolvierte eine Lehre als Buchhändlerin und erzählt die Geschichte ihrer Großmutter.

In ihrer Freizeit beschäftigt sie sich vor allem mit philosophischen und spirituellen Themen, organisiert Kurse zum Bau von indianischen Schwitzhütten und engagiert sich in der Klima-Bewegung.

Sie ist ledig, kinderlos und lebt in einer festen (Frauen-)Beziehung.

novum 📖 VERLAG FÜR NEUAUTOREN

Der Verlag

„ *Wer aufhört
besser zu werden,
hat aufgehört
gut zu sein!*

Basierend auf diesem Motto ist es dem novum Verlag ein Anliegen, neue Manuskripte aufzuspüren, zu veröffentlichen und deren Autoren langfristig zu fördern. Mittlerweile gilt der 1997 gegründete und mehrfach prämierte Verlag als Spezialist für Neuautoren in Deutschland, Österreich und der Schweiz.

Für jedes neue Manuskript wird innerhalb weniger Wochen eine kostenfreie, unverbindliche Lektorats-Prüfung erstellt.

Weitere Informationen zum Verlag und seinen Büchern finden Sie im Internet unter:

www.novumverlag.com